伝記シリーズ

天才！織田信長

戦国最強ヒーローのすべて

中島 望・著
RICCA・絵

集英社みらい文庫

目《もく》次《じ》

伝記シリーズ
天才《てんさい》！織田信長《おだのぶなが》
戦国最強《せんごくさいきょう》ヒーローのすべて

はじめに

織田信長《おだのぶなが》は、太陽《たいよう》に似《に》ています。

遠《とお》くから距離《きょり》をへだてて見《み》れば、明《あか》るくて温《あたた》かくて、大《おお》いなる恵《めぐみ》のもとですが、太陽本体《たいようほんたい》にはあまりの熱量《ねつりょう》に近《ちか》づくことすらできません。

信長《のぶなが》も、古《ふる》い時代《じだい》を変《か》えるほどの力《ちから》をもっていましたが、新《あたら》しい時代《じだい》をつくるというのは大仕事《おおしごと》だけに、そのやり方《かた》はとても苛烈《かれつ》でした。身近《みぢか》に仕《つか》えている家臣《かしん》たちからも、とてもおそれられていたという記録《きろく》が残《のこ》っています。

「従僕《じゅうぼく》の目《め》に英雄《えいゆう》なし（どんな英雄《えいゆう》でも、近《ちか》くにいる者《もの》にとっては、私生活《しせいかつ》のだらしない部分《ぶぶん》が見《み》えて尊敬《そんけい》するに当《あ》たらなくなるということ）」という言葉《ことば》がありますが、織田信長《おだのぶなが》にかぎっては、側近《そっきん》の家臣《かしん》たちも幻滅《げんめつ》する暇《ひま》がなかったのではないでしょうか。

ぼくは、織田信長《おだのぶなが》という人物《じんぶつ》は、日本史上最高《にほんしじょうさいこう》の天才《てんさい》ではないかと思《おも》っています。少《すく》なくとも、その頭脳《ずのう》をもつひとりであったことはまちがいないかと。

この本《ほん》では、第《だい》一章《しょう》に、信長《のぶなが》の人生《じんせい》を伝記物語《でんきものがたり》としてまとめました。読《よ》んでいただくとわかりますが、脚色《きゃくしょく》しなくてもそのまま物語《ものがたり》のヒーローのようです。

第《だい》二章《しょう》では、信長《のぶなが》に関《かん》して伝《つた》わっている有名《ゆうめい》なエピソードをのせています。ふつうの人間《にんげん》では考《かんが》えられない超人的《ちょうじんてき》なものもあれば、一般《いっぱん》のイメージとはちがう意外《いがい》なものもあるかもしれません。

第《だい》三章《しょう》では信長《のぶなが》をとりまく個性的《こせいてき》な人《ひと》たちを、第《だい》四章《しょう》では信長《のぶなが》がその生涯《しょうがい》でおもむいた有名《ゆうめい》な戦《たたか》いと、住《す》んだ城《しろ》を紹介《しょうかい》していきます。

なお、歴史《れきし》の研究書《けんきゅうしょ》には、いろいろと新《あたら》しい説《せつ》が出《で》ていますが、本書《ほんしょ》ではおおむね、通説《つうせつ》として広《ひろ》く知《し》られている内容《ないよう》をもとにしました。

この本《ほん》を読《よ》むことで、みなさんも、織田信長《おだのぶなが》という強大《きょうだい》なエネルギーを放《はな》つ太陽《たいよう》に少《すこ》しだけ接近《せっきん》し、信長《のぶなが》についてより知《し》っていただけるとうれしいです。

中島《なかしま》　望《のぞむ》

【性格《せいかく》】怒《おこ》りっぽいがふだんはおとなしい。きれい好《ず》き。

【好《す》きな食《た》べ物《もの》】味《あじ》の濃《こ》いもの。

【睡《すい》眠《みん》時《じ》間《かん》】短《みじか》め。早《はや》起《お》き。

【趣味《しゅみ》】相撲《すもう》、茶《ちゃ》の湯《ゆ》、鷹狩《たかが》りなど。

【使《つか》っていた家紋《かもん》と主《おも》な旗印《はたじるし》、馬印《うまじるし》】

五葉木瓜《ごようもっこう》

織田家《おだけ》に代々伝《だいだいつた》わっている家紋《かもん》。

揚羽蝶《あげはちょう》

もともと平氏《へいし》に伝《つた》わる紋《もん》で、信長《のぶなが》は平氏《へいし》の流《なが》れをくむと自称《じしょう》し使《つか》っていた。

五三桐《ごさんのきり》

足利義昭《あしかがよしあき》を将軍職《しょうぐんしょく》に就任《しゅうにん》させたときに与《あた》えられた紋《もん》。

二引両《ふたつひきりょう》

足利将軍家《あしかがしょうぐんけ》に伝《つた》わる。これも義昭《よしあき》から与《あた》えられた。

無文字《むもじ》

仏教《ぶっきょう》の禅《ぜん》の世界観《せかいかん》である「無《む》」の文《も》字《じ》をあらわした紋《もん》。

十六弁菊《じゅうろくべんぎく》

菊紋《きくもん》は皇室《こうしつ》で使用《しよう》される紋《もん》で、信長《のぶなが》が当時《とうじ》の皇室《こうしつ》から与《あた》えられた。

永楽通宝《えいらくつうほう》

明《みん》から輸入《ゆにゅう》された貨幣《かへい》の図版《ずはん》で、旗《はた》印《じるし》などに使《つか》った。

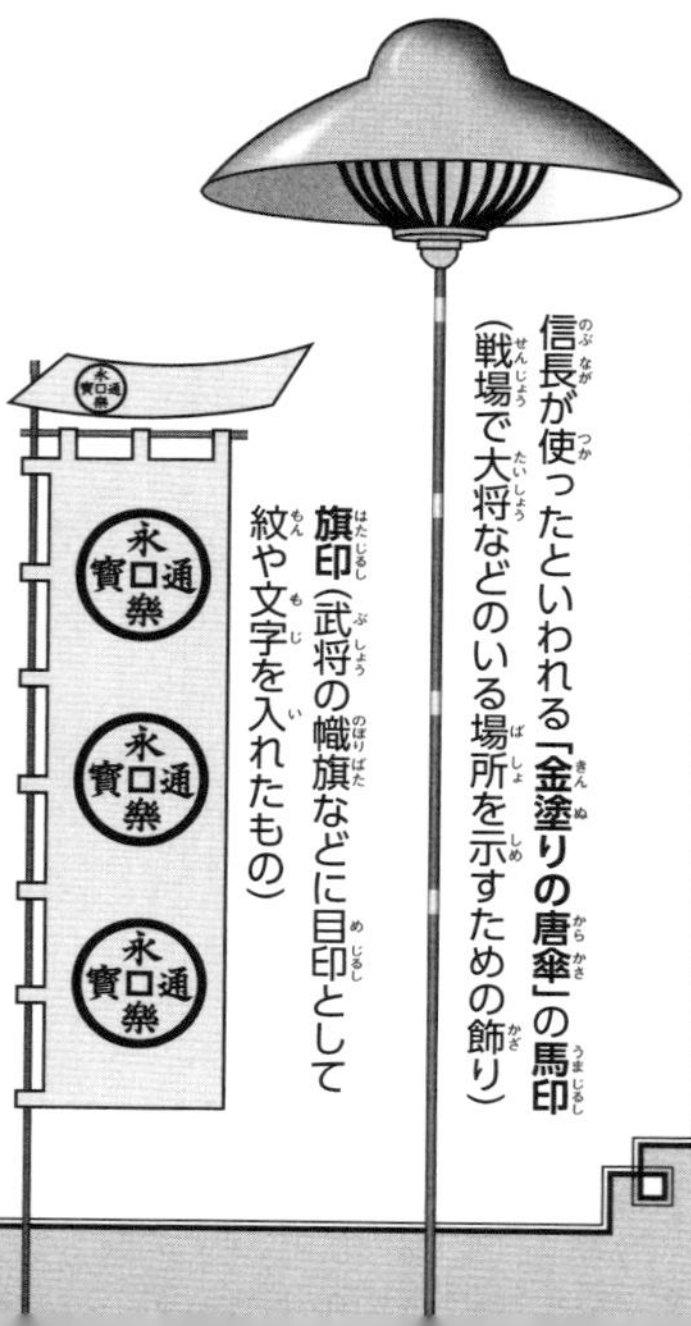

信長《のぶなが》が使《つか》ったといわれる「金塗《きんぬ》りの唐傘《からかさ》」の馬印《うまじるし》（戦場《せんじょう》で大将《たいしょう》などのいる場所《ばしょ》を示《しめ》すための飾《かざ》り）

旗印《はたじるし》（武将《ぶしょう》の幟旗《のぼりばた》などに目印《めじるし》として紋《もん》や文字《もじ》を入《い》れたもの）

織《お》田《だ》信《のぶ》長《なが》プロフィール

【出身地《しゅっしんち》】尾張《おわり》（現在《げんざい》の愛知県西部《あいちけんせいぶ》）

【生年月日《せいねんがっぴ》】天文《てんぶん》3年《ねん》（1534年《ねん》）生《う》まれ
誕生日《たんじょうび》は5月《がつ》12日《にち》など諸説《しょせつ》あり

【没年月日《ぼつねんがっぴ》】天正《てんしょう》10年《ねん》（1582年《ねん》）6月2日《がつふつか》

【幼名《ようみょう》】吉法師《きっぽうし》

【身長《しんちょう》】中《ちゅう》くらいの背丈《せたけ》

信長《のぶなが》の性格《せいかく》や趣味《しゅみ》については第二章《だいしょう》（119ページから）でもくわしくご紹介《しょうかい》しています。

歴史《れきし》には諸説《しょせつ》あります。
本書《ほんしょ》ではおおよそ現在《げんざい》の通説《つうせつ》にしたがって物語《ものがたり》を構成《こうせい》していますが、
フィクションを交《まじ》えた箇所《かしょ》もあることを、おことわりいたします。

第《だい》一章《しょう》

信《のぶ》長《なが》伝《でん》記《き》物《もの》語《がたり》

父《ちち》の葬儀《そうぎ》で

「来《き》た！」

「三郎《さぶろう》が来《き》たぞ！」

その男《おとこ》の出現《しゅつげん》で、場《ば》に緊張《きんちょう》が走《はし》った。

三郎《さぶろう》というのは、亡《な》くなった織田信秀《おだのぶひで》の嫡男《ちゃくなん》（あとつぎの男子《だんし》）、十八歳《さい》になる信長《のぶなが》のことだ。正室《せいしつ》の子《こ》であるため信長《のぶなが》が嫡男《ちゃくなん》になったのだが、上《うえ》に兄《あに》がふたりいるので、三郎《さぶろう》と呼《よ》ばれていた。

*尾張《おわり》は万松寺《ばんしょうじ》の本堂《ほんどう》でおこなわれている信秀《のぶひで》の葬儀《そうぎ》の席《せき》だった。

新《あたら》しい本堂《ほんどう》にはおびただしい提灯《ちょうちん》が並《なら》び、昼間《ひるま》のように明《あか》るく灯《ひ》がともされている。

広《ひろ》い敷地《しきち》には、織田家《おだけ》の関係者《かんけいしゃ》はもちろん、三百人《びゃくにん》をこえる僧《そう》が集《あつ》まっていた。武力《ぶりょく》をほこった信秀《のぶひで》らしく、盛大《せいだい》で華々《はなばな》しい葬儀《そうぎ》だった。

だが、そこに信長《のぶなが》の姿《すがた》がなかったのだ。あとつぎが顔《かお》を出《だ》していないため、集《あつ》まった人々《ひとびと》のあいだにも、いくぶん白《しら》けた空気《くうき》が流《なが》れていた。

＊尾張《おわり》……現在《げんざい》の愛知県西部《あいちけんせいぶ》。

（お父上《ちちうえ》の葬儀《そうぎ》をすっぽかすとは……なんと、なさけない）

守《も》り役《やく》（教育係《きょういくがかり》）の平手政秀《ひらてまさひで》は、心《こころ》の中《なか》でなげいていた。

「仕方《しかた》がない。信行《のぶゆき》さまから焼香《しょうこう》をしていただこう」

家老《かろう》の林佐渡守《はやしさどのかみ》が言《い》ったとき、入《い》り口《ぐち》のほうがざわめいたかと思《おも》うと、突風《とっぷう》のように信長《のぶなが》が入《はい》ってきた。

（今《いま》ごろかよ）

（それにしても、なんて恰好《かっこう》だ）

その場《ば》にいた一同《いちどう》が眉《まゆ》をひそめたのは、信長《のぶなが》のいでたちだった。

弟《おとうと》の信行《のぶゆき》はきちんと礼装《れいそう》に身《み》を包《つつ》んでいるというのに、信長《のぶなが》は腰《こし》に巻《ま》いたワラ縄《なわ》に朱色《しゅいろ》の鞘《さや》の刀《かたな》を差《さ》しこみ、髪《かみ》も後頭部《こうとうぶ》でたばねて毛先《けさき》を切《き》っている茶《ちゃ》せん髷《まげ》だった。

袴《はかま》さえはいていない。とても葬式《そうしき》に参列《さんれつ》するような服装《ふくそう》ではなかった。

母《はは》の土田御前《どたごぜん》は眉《まゆ》をひそめ、弟《おとうと》の信行《のぶゆき》はかすかにほくそ笑《え》んだ。

（おれは母上《ははうえ》に嫌《きら》われている）

信長《のぶなが》は知《し》っていた。母《はは》が愛《あい》しているのは、激《はげ》しい気性《きしょう》の自分《じぶん》ではなく、世《よ》わたり上手《じょうず》の信行《のぶゆき》のほうだということを。

信長《のぶなが》は、吉法師《きっぽうし》と呼《よ》ばれた赤《あか》ん坊《ぼう》のころから人《ひと》の好《す》き嫌《きら》いが激《はげ》しく、気《き》に入《い》らない乳母《うば》の乳首《ちくび》を嚙《か》みちぎるほどだったという。それがなにか得体《えたい》の知《し》れない怪物《かいぶつ》のように思《おも》われたのか、土田《どた》御前《ごぜん》からうとまれるようになっていたのである。

嫌《きら》われるだけにとどまらなかった。この当時《とうじ》、身内《みうち》での争《あらそ》いもめずらしくなく、母《はは》をはじめ、あとつぎを信行《のぶゆき》にしようと考《かんが》える一派《いっぱ》もいた。そんな中《なか》で、信秀《のぶひで》は自分《じぶん》を認《みと》めてくれる最大《さいだい》の理《り》解者《かいしゃ》だった。父《ちち》の死《し》によって、信長《のぶなが》は大《おお》きな味方《みかた》を失《うしな》ったのだ。

(おやじ殿《どの》、なぜ死《し》んだ)

信長《のぶなが》は、母《はは》のほうも弟《おとうと》のほうも見《み》ず、啞然《あぜん》とする一同《いちどう》を無視《むし》して前《まえ》に進《すす》みでると、父《ちち》の位牌《いはい》をにらむようにして唇《くちびる》を嚙《か》んだ。

そして……周囲《しゅうい》が沈黙《ちんもく》して見守《みまも》る中《なか》、この若者《わかもの》はとんでもないことをしてのけた。

(よく見《み》ておけ、おれのうつけぶりを)

抹香《まっこう》をつかむと、位牌《いはい》に向《む》かって投《な》げつけたのだ。

見守《みまも》っていた一同《いちどう》から、ざわめきが起《お》こった。

（おれは神《かみ》も仏《ほとけ》も信《しん》じていない）

ならば、葬儀《そうぎ》の作法《さほう》など、どうでもいい。まわりが敵《てき》だらけなら油断《ゆだん》させておくにかぎる。

織田家《おだけ》の主《おも》だった者《もの》がこれだけ集《あつ》まり、おそらくまぎれこんでいるであろう隣国《りんごく》の忍《しの》びまで見《み》ている中《なか》で「うつけ」を演《えん》じれば、たちまちうわさになる。

信長《のぶなが》は、踵《きびす》を返《かえ》すと、その場《ば》を去《さ》っていった。

「なんだ、ありゃあ」

「あんなのが織田家《おだけ》をついでいいのか」

「なんと、頼《たよ》りない」

あちこちで、そんなささやきが交《か》わされた。

「うわさにたがわぬ、大《おお》うつけよの」

「やはり、弟《おとうと》の信行《のぶゆき》さまに家督《かとく》をついでいただかなければ」

と言《い》いながら、信長《のぶなが》が出《で》ていった方《ほう》に目《め》をやる者《もの》もいた。

もちろん信長《のぶなが》の姿《すがた》は、すでにない。

突風《とっぷう》のようにあらわれ、旋風《せんぷう》のように場《ば》の空気《くうき》をかき乱《みだ》して、あっという間《ま》に消《き》え去《さ》っていた。

尾張《おわり》のうつけ者《もの》

父《ちち》の葬儀《そうぎ》で、位牌《いはい》に抹香《まっこう》を投《な》げつけたという信長《のぶなが》のうつけぶりは、たちまち城下《じょうか》のうわさとなり、隣国《りんごく》の*美濃《みの》にいる「まむし」の耳《みみ》にも入《はい》った。

まむしというのは、油売《あぶらう》りから美濃《みの》の主《あるじ》に成《な》りあがった斎藤道三《さいとうどうさん》の異名《いみょう》である。

道三《どうさん》の娘《むすめ》は、十四歳《さい》のときにひとつ年上《としうえ》の信長《のぶなが》に嫁《とつ》ぎ、濃姫《のうひめ》と呼《よ》ばれている。道三《どうさん》からみて、信長《のぶなが》は娘婿《むすめむこ》だった。

生《い》き馬《うま》の目《め》をぬく戦国《せんごく》の世《よ》で、道三《どうさん》も当然《とうぜん》、情報収集《じょうほうしゅうしゅう》をおこたらない。尾張《おわり》の若殿《わかとの》の奇妙《きみょう》なおこないは、これまでにも聞《き》きおよんでいた。

「なに、ものを食《く》いながら歩《ある》いている？」

「はっ」

忍《しの》びはその様子《ようす》を報告《ほうこく》した。わざわざ探《さぐ》るまでもなく、往来《おうらい》で餅《もち》や栗《くり》や瓜《うり》などを食《く》いながら歩《ある》いているのだから、いやでも人目《ひとめ》につく。

＊美濃《みの》……現在《げんざい》の岐阜県南部《ぎふけんなんぶ》。

（あれが信長《のぶなが》か……）

行商《ぎょうしょう》に化《ば》けた忍《しの》びが見《み》たときも、信長《のぶなが》は白《しろ》い頑丈《がんじょう》そうな歯《は》でガブリと瓜《うり》をかじり、皮《かわ》は道《みち》ばたに吐《は》き捨《す》て、種《たね》をプッと吹《ふ》きとばしていた。しかも、仲間《なかま》によりかかって、肩《かた》にぶらさがるように歩《ある》いている。身分《みぶん》のある者《もの》の行動《こうどう》とは思《おも》えなかった。

服装《ふくそう》もだらしない。

「髪《かみ》は茶《ちゃ》せん。刀《かたな》の鞘《さや》は朱色《しゅいろ》、着《き》ているのは湯帷子《ゆかたびら》です」

湯帷子《ゆかたびら》というのは、現代《げんだい》でいえば、風呂《ふろ》あがりの部屋《へや》着《ぎ》だ。そんな軽装《けいそう》で、しかも片方《かたほう》の袖《そで》をぬいで町中《まちなか》をねり歩《ある》いているらしい。上半身《じょうはんしん》がまる裸《はだか》のときもあるという。

「体《からだ》はそうとう鍛《きた》えているようです」

忍《しの》びが気《き》になったのは、信長《のぶなが》の引《ひ》きしまった上半身《じょうはんしん》だ。ぜい肉《にく》など、かけらもない。鋼《はがね》のように強《つよ》くしなやかな肉体《にくたい》だった。

「運動《うんどう》ばかりしてりゃ、そうなるだろう」

実際《じっさい》に見《み》ていない道三《どうさん》は、信長《のぶなが》の筋肉《きんにく》の凄味《すごみ》を知《し》らない。

「虎《とら》や豹《ひょう》の毛皮《けがわ》を使《つか》った半袴《はんばかま》をはき、腰《こし》には袋《ふくろ》をたくさんぶら下《さ》げています。中《なか》には、干《ほ》し柿《がき》などの食《た》べもののほか、石《いし》が入《はい》っているようです」

「ふうむ」

忍《しの》びの報告《ほうこく》を聞《き》いたとき、道三《どうさん》も最初《さいしょ》は、ただのバカだと思《おも》った。

だが、なにかが匂《にお》った。

道三《どうさん》も、ほぼ無一文《むいちもん》に近《ちか》い身分《みぶん》から、悪行《あくぎょう》も平気《へいき》でおこなって、一国《いっこく》の主《あるじ》にまでなった男《おとこ》である。

一見《いっけん》うつけに思《おも》える信長《のぶなが》の行動《こうどう》に、見《み》すごせないものを直感的《ちょっかんてき》に感《かん》じた。

考《かんが》えてみた。信長《のぶなが》の行動《こうどう》に意味《いみ》はないだろうか。

大刀《だいとう》の鞘《さや》も派手《はで》な朱色《しゅいろ》というが、武器《ぶき》に目立《めだ》つ色《いろ》を使《つか》うからには、腕力《わんりょく》に自信《じしん》があるのだろう。

半袴《はんばかま》は、身軽《みがる》で動《うご》きやすい。日《ひ》ごろから家来《けらい》を集《あつ》めては、いくさ遊《あそ》びばかりしているという

し、身近《みぢか》な家臣《かしん》もふくめて、よほど鍛《きた》えている

にちがいない。

(腰《こし》にぶら下《さ》げている袋《ふくろ》は？　石《いし》が入《はい》っているというが)

石《いし》はこの当時《とうじ》、実用的《じつようてき》な武器《ぶき》のひとつだった。

「印地打《いんじう》ち」といい、投《な》げて使《つか》う。当《あ》たれば相手《あいて》の戦力《せんりょく》をそぐことができる。

もし、なにかの拍子《ひょうし》で戦《たたか》いになったとき、石《いし》を携帯《けいたい》していれば、刀《かたな》をまじえる前《まえ》に使《つか》える。接《せっ》近戦《きんせん》に持《も》ちこむ前《まえ》に相手《あいて》を攻撃《こうげき》できるのだ。

聞《き》けば信長《のぶなが》は、武芸《ぶげい》の上達《じょうたつ》には異常《いじょう》なほど熱心《ねっしん》で、弓《ゆみ》は市川大介《いちかわだいすけ》、鉄砲《てっぽう》は橋本一巴《はしもといっぱ》、兵法《ひょうほう》・剣《けん》術《じゅつ》は平田三位《ひらたさんみ》という、それぞれ一流《いちりゅう》の師匠《ししょう》を招《まね》いては練習《れんしゅう》にあけくれているらしい。

「三月《がつ》から九月《がつ》までは、川《かわ》で水練《すいれん》を欠《か》かしません」

水練《すいれん》というのは、現代《げんだい》でいえば水泳《すいえい》のことだが、これは武芸十八般《ぶげいじゅうはっぱん》のひとつにあげられているように、れっきとした武芸《ぶげい》である。体《からだ》の鍛錬《たんれん》になるだけでない。いくさでは甲冑《かっちゅう》をつけたまま川《かわ》をわたらなければならないこともあるがそんなとき、流《なが》されて死《し》ぬ者《もの》も少《すく》なくないのである。

「馬術《ばじゅつ》にもすぐれています。朝夕《あさゆう》かならず馬《うま》に乗《の》り、長《なが》い距離《きょり》を駆《か》けさせているようです」

まるで、つねに戦時《せんじ》を想定《そうてい》しているかのような日常《にちじょう》ではないか。

なにか事《こと》が起《お》こったとき、走《はし》りなれた馬《うま》たちは、すぐに能力《のうりょく》を発揮《はっき》できるだろう。

（あいつは、敵《てき》だらけだからな）

信長《のぶなが》は孤立《こりつ》している。頼《たよ》れる者《もの》などない。隙《すき》を見《み》せれば殺《ころ》される。うつけのようにみえても、体《からだ》を鍛《きた》え、武技《ぶぎ》を上達《じょうたつ》させる必要《ひつよう》を感《かん》じているのかもしれない。

信長《のぶなが》はこの年《とし》、十八歳《さい》。

元服《げんぷく》は十三歳《さい》で迎《むか》えている。元服《げんぷく》というのは、武家《ぶけ》の男子《だんし》が成人《せいじん》として認《みと》められる儀式《ぎしき》のことで、つまり信長《のぶなが》は十三歳《さい》で、大人《おとな》として認《みと》められたことになる。

平均寿命《へいきんじゅみょう》が現代《げんだい》よりはるかに短《みじか》い時代《じだい》とはいえ、十三歳《さい》で大人《おとな》になり、十四歳《さい》で初《はじ》めて合戦《かっせん》に参加《さんか》し、十五歳《さい》で結婚《けっこん》をした信長《のぶなが》は、十八歳《さい》で織田家《おだけ》の当主《とうしゅ》となった。

信秀亡《のぶひでな》き今《いま》、尾張《おわり》は乱《みだ》れている。織田一族《おだいちぞく》でも、尾張《おわり》の北《きた》（上四郡《かみよんぐん》）と南《みなみ》（下四郡《しもよんぐん》）に分《わ》かれて争《あらそ》っていた。

（もし、信長《のぶなが》がただのうつけなら、わしが尾張《おわり》を取《と》ってやる）

道三自身《どうさんじしん》も、一筋縄《ひとすじなわ》ではいかない。隣国《りんごく》に隙《すき》ができれば、当然《とうぜん》、ねらいをつける。

（どちらにせよ、信長《のぶなが》には一度会《いちどあ》っておかねばならんな）

直接会《ちょくせつあ》って、この目《め》で器量《きりょう》を確《たし》かめておく必要《ひつよう》があった。

まむしと対面《たいめん》

信秀《のぶひで》の死《し》から二年後《ねんご》の天文《てんぶん》二十二年《ねん》（一五五三年《ねん》）一月《がつ》、信長《のぶなが》の守《も》り役《やく》だった平手政秀《ひらてまさひで》が切腹《せっぷく》した。

織田家《おだけ》の家老《かろう》をつとめ、信長《のぶなが》が幼《おさな》いころから身《み》のまわりの世話《せわ》をしてくれた家臣《かしん》だ。二歳《さい》から両親《りょうしん》とはなれて*1那古野城《なごやじょう》に住《す》んでいた信長《のぶなが》にとって、実《じつ》の親《おや》のような存在《そんざい》でもあった。

初陣《ういじん》（初《はじ》めての合戦《かっせん》）にも、平手政秀《ひらてまさひで》はつきそってくれた。信長《のぶなが》が十四歳《さい》のとき、今川《いまがわ》の軍勢《ぐんぜい》が、*2三河《みかわ》の吉良《きら》・大浜《おおはま》に攻《せ》め入《い》ってきたのを、迎《むか》え撃《う》ったのだ。

「ずいぶん、落《お》ちついていますな」

と、そのとき平手《ひらて》は言《い》った。初《はじ》めてのいくさだというのに、信長《のぶなが》は少《すこ》しばかり興奮気味《こうふんぎみ》ではあったが、当《あ》たり前《まえ》のような顔《かお》で馬《うま》を駆《か》り、指揮《しき》をとっていたのだ。

「おれの人生《じんせい》は、これから飽《あ》きるほどたくさん、いくさをすることになるんだ。たかがこれぐら

*1 那古野城《なごやじょう》……現在《げんざい》の名古屋城《なごやじょう》の二の丸《まる》あたりにあった城《しろ》。185ページ参照《さんしょう》。*2 三河《みかわ》……現在《げんざい》の愛知県東部《あいちけんとうぶ》。

いで緊張《きんちょう》していられるか」

「感心《かんしん》しませんな」

平手《ひらて》は、あまりいい顔《かお》をしなかった。初陣《ういじん》では、わけがわからなくなるほど緊張《きんちょう》している者《もの》のほうが、のちにいい武将《ぶしょう》になるものなのだ。

だが、まれに……ごくまれに、初陣《ういじん》から、まるで百戦目《ひゃくせんめ》のような落《お》ちつきぶりを見《み》せる、とてつもない器《うつわ》の天才《てんさい》がいるとしたら……。

信長《のぶなが》はこのとき、強風《きょうふう》の日《ひ》を選《えら》んで、風上《かざかみ》から今川《いまがわ》の陣《じん》へ火矢《ひや》を放《はな》ち、攻《せ》めこんだ。当然《とうぜん》のように、自然《しぜん》の条件《じょうけん》まで利用《りよう》し、大軍《たいぐん》の今川勢《いまがわぜい》が反撃《はんげき》してくる前《まえ》に撤退《てったい》するという見事《みごと》さだった。

濃姫《のうひめ》との結婚《けっこん》を、道三《どうさん》にかけあってくれたのも平手政秀《ひらてまさひで》だった。

これは初陣《ういじん》の翌年《よくとし》、信長《のぶなが》が十五歳《さい》のときだ。

「なに、まむしの娘《むすめ》を?」

嫁《よめ》にしろと言《い》うのか、と、信長《のぶなが》は最初《さいしょ》、不満《ふまん》げな顔《かお》をした。

「おそれながら、とのは味方《みかた》が少《すく》なくおられます。家中《かちゅう》では弟《おとうと》の信行《のぶゆき》さまのほうが人気《にんき》がございましょう。道三《どうさん》さまがうしろについてくだされば、こんな心強《こころづよ》いことはありません」

政略結婚《せいりゃくけっこん》だが、この当時《とうじ》の大名家《だいみょうけ》では、むしろ当《あ》たり前《まえ》だった。

「しかし、まむしの娘《むすめ》をなあ……」

めずらしく歯切《はぎ》れの悪《わる》い言《い》い方《かた》をして、信長《のぶなが》は目線《めせん》をあげた。

平手《ひらて》は黙《だま》ったまま、返事《へんじ》を待《ま》った。

「あまが池《いけ》にいたという大蛇《だいじゃ》は、そいつじゃないのか」

「滅相《めっそう》もないことを！」
＊清洲《きよす》から五キロばかり東《ひがし》に、あまが池《いけ》という古池《ふるいけ》があり、そこに大蛇《だいじゃ》がいるといううわさが広《ひろ》まったのは先月《せんげつ》のことだった。
「怒《おこ》るな。たわむれ（冗談《じょうだん》）だ」

「まむしと言《い》いますが、道三《どうさん》さまは、彫《ほ》りの深《ふか》い立派《りっぱ》なお顔《かお》をしておられますぞ」

平手《ひらて》は、これまでに何度《なんど》か美濃《みの》に足《あし》を運《はこ》び、交渉役《こうしょうやく》として道三《どうさん》にも会《あ》っている。

「そうか。で、どんな女《おんな》なんだ」

「姫《ひめ》は、とのよりひとつ下《した》の十四歳《さい》、たいへんな美人《びじん》との評判《ひょうばん》です」

「バケモノでないなら、おれはかまわん」

わざと憎《にく》まれ口《ぐち》をきいたが、平手《ひらて》が言《い》ったとおり、濃姫《のうひめ》は美《うつく》しい娘《むすめ》だった。あまり外《そと》に出《で》ずに

＊清洲《きよす》……尾張国《おわりのくに》の地名《ちめい》。那古野城《なごやじょう》から北西《ほくせい》6㎞《キロメートル》ほどの場所《ばしょ》。清洲城《きよすじょう》があり、このときは守護代《しゅごだい》・織田信友《おだのぶとも》の居城《きょじょう》。186ページ参照《さんしょう》。「あまが池《いけ》」については121ページ参照《さんしょう》。

育《そだ》ってきた色白《いろじろ》で細面《ほそおもて》の外見《がいけん》でありながら、内《ない》面《めん》には、しっかりと強《つよ》い芯《しん》がとおっていた。

那古野城《なごやじょう》でおこなわれた長《なが》い結婚式《けっこんしき》は、儀式《ぎしき》ぎらいの信長《のぶなが》にとって、うんざりするほど退屈《たいくつ》できゅうくつだった。

が、式《しき》のあいだじゅう、平手《ひらて》がずっとうれしそうにしていたことを覚《おぼ》えている。


その平手政秀《ひらてまさひで》が腹《はら》を切《き》って死《し》んだ。

「信長《のぶなが》さまのおこないを、いさめて自害《じがい》したのだ」

と、家中《かちゅう》ではささやかれた。

平手《ひらて》は、〝ふつう〟でない信長《のぶなが》をどうしても理解《りかい》できなかったのだろう。服装《ふくそう》やふるまいなど、生活《せいかつ》の細《こま》かいことからなにから口《くち》うるさかった。枠《わく》からはみださず、まともに育《そだ》ってく

れるのを願《ねが》うかのように。

この点《てん》、父《ちち》の信秀《のぶひで》のほうが、「乱世《らんせ》で思《おも》いきり暴《あば》れてこい」という、同《おな》じ武将《ぶしょう》としての期待《きたい》を、信長《のぶなが》にかけ、破天荒《はてんこう》なふるまいも含《ふく》めて信《しん》じてくれていた。

(だが、平手《ひらて》はおれを好《す》いてくれた)

理解者《りかいしゃ》ではなかったが、幼《おさな》いころからかわいがってくれた。その平手《ひらて》が亡《な》くなったことで、父《ちち》につづいて、またひとり、数少《かずすく》ない味方《みかた》を失《うしな》った。

「お濃《のう》、平手《ひらて》が死《し》んだよ」

信長《のぶなが》は、平手《ひらて》自害《じがい》の一件《いっけん》を、ぽつりと濃姫《のうひめ》に告《つ》げた。

「まあ、平手《ひらて》さまが……」

その事実《じじつ》にもおどろいたが、濃姫《のうひめ》は、信長《のぶなが》の表情《ひょうじょう》にあらわれた悲《かな》しみにも胸《むね》を打《う》たれた。

「早《はや》まったな、平手《ひらて》」

信長《のぶなが》の悲《かな》しみの中《なか》には、やりきれない悔《くや》しさもまじっている。

(もう少《すこ》し長生《ながい》きしていたら、おれのほんとうの実力《じつりょく》を見《み》せてやれたものを)

自分《じぶん》のために気苦労《きぐろう》が絶《た》えなかった平手《ひらて》には、せめて一度《いちど》ぐらい、華々《はなばな》しく活躍《かつやく》するところを見《み》せてやりたかった……。

信長《のぶなが》は、平手政秀《ひらてまさひで》の名《な》を取《と》って「政秀寺《せいしゅうじ》」という寺《てら》を建立《こんりゅう》し、その霊《れい》をとむらった。

道三《どうさん》が会《あ》いたいと言《い》ってきたのは、平手《ひらて》が亡《な》くなってから、三か月《げつ》がすぎたころだ。

これは信長《のぶなが》にとって、美濃《みの》の実力者《じつりょくしゃ》である斎藤道三《さいとうどうさん》を味方《みかた》につける、絶好《ぜっこう》のチャンスだった。

対面《たいめん》の場所《ばしょ》は、尾張《おわり》と美濃《みの》の国境《くにざかい》あたりの聖徳寺《しょうとくじ》。

「最高級《さいこうきゅう》の礼装《れいそう》で信長《のぶなが》を待《ま》て」

と、道三《どうさん》は家臣団《かしんだん》に命《めい》じた。格《かく》のちがいを見《み》せつけてやるのだ。もし信長《のぶなが》がいつもと同《おな》じような恰好《かっこう》でくれば、大恥《おおはじ》をかくことになる。

面会《めんかい》の日《ひ》、道三《どうさん》は町《まち》はずれの小《ち》さな家《いえ》に隠《かく》れて、信長《のぶなが》の一行《いっこう》が通《とお》りすぎるのを待《ま》った。

やがて、信長《のぶなが》がやってきた。

「尾張《おわり》の小僧《こぞう》め。やはり、うつけだったか」

うわさどおりの姿《すがた》だった。髪《かみ》は茶《ちゃ》せん、腰《こし》には荒縄《あらなわ》を巻《ま》いて刀《かたな》をぶちこみ、いくつもの袋《ふくろ》をぶら下《さ》げている。

上半身《じょうはんしん》は、ほとんど裸《はだか》だ。しかも馬《うま》にゆられながら、こんなときでも瓜《うり》にかぶりついている。

「アホウめ」

道三《どうさん》は、納得《なっとく》したいっぽう、心《こころ》のどこかで残念《ざんねん》な気《き》もしていた。

「かまわん。計画《けいかく》どおり、恥《はじ》をかかせてやれ」

礼装《れいそう》で決《き》めた家臣団《かしんだん》を、聖徳寺《しょうとくじ》の廊下《ろうか》にならばせ、その前《まえ》を歩《ある》かせてやるのだ。

「だが、わしはいいか」

婿《むこ》の信長《のぶなが》があんな恰好《かっこう》をしているのだから、舅《しゅうと》の自分《じぶん》がきちんとした礼装《れいそう》で迎《むか》えてやるのは、さすがにバカバカしくなった。


聖徳寺《しょうとくじ》の座敷《ざしき》に普段着《ふだんぎ》であらわれた道三《どうさん》は、向《む》こうの廊下《ろうか》に、見《み》なれぬひとりの若者《わかもの》を見《み》た。柱《はしら》にもたれ、懐《ふところ》に手《て》を入《い》れて、庭《にわ》をながめて立《た》っている。行儀《ぎょうぎ》は悪《わる》いが、完璧《かんぺき》な正装《せいそう》だった。

よく見《み》ると、信長《のぶなが》ではないか。

(寺《てら》に着《つ》いてから、着替《きが》えたな！)

道三《どうさん》は心《こころ》の中《なか》でうなった。

(さっき見《み》た姿《すがた》と、まるでちがうではないか)

髪《かみ》をきれいに結《ゆ》い、褐色《かっしょく》の長袴《ながばかま》をはき、上等《じょうとう》の小刀《しょうとう》を差《さ》している。

もともと信長《のぶなが》は、鼻《はな》すじのとおった美男《びなん》で、切《き》れ長《なが》の目《め》は涼《すず》しく、長身《ちょうしん》であるだけに、上品《じょうひん》な服装《ふくそう》がよく似合《にあ》う。しかも堂々《どうどう》としているので、なおさら見栄《みば》えがした。

道三《どうさん》の家臣《かしん》に声《こえ》をかけられると、信長《のぶなが》は初《はじ》めて舅《しゅうと》の存在《そんざい》に気《き》づいたように、座敷《ざしき》に入《はい》った。

そして、今度《こんど》は実《じつ》に礼儀《れいぎ》正《ただ》しく、しかも堂々《どうどう》とあいさつをした。

（むうう）

してやられた、と道三《どうさん》は思《おも》った。ゆるんだ気持《きも》ちでこの場《ば》に顔《かお》を出《だ》した自分《じぶん》こそが、うつけのように思《おも》われる。

杯《さかずき》を交《か》わしたあと、ふたりは出《だ》された食事《しょくじ》に箸《はし》をつけた。こんなときでも信長《のぶなが》は、自分《じぶん》の城《しろ》にいるかのような自然体《しぜんたい》だった。

対面《たいめん》はとどこおりなく終《お》わり、聖徳寺《しょうとくじ》を去《さ》っていく道三《どうさん》を、信長《のぶなが》は丁重《ていちょう》に見送《みおく》った。

（この槍《やり》の長《なが》さはどうだ）

居並《いなら》ぶ織田《おだ》兵《へい》たちの槍《やり》を見《み》て、道三《どうさん》はぶ然《ぜん》としていた。

美濃《みの》勢《ぜい》の槍《やり》は、長《なが》くても二間半《けんはん》（約《やく》四・五メートル）だったが、織田《おだ》軍《ぐん》の槍《やり》は三間《げん》（約《やく》五・五メートル）から三間半《げんはん》（約《やく》六・四メートル）もある。

あつかうには重《おも》すぎるが、それだけ兵《へい》を鍛《きた》えているのだろう。戦闘《せんとう》では、槍《やり》を上《うえ》から叩《たた》きつけ、まず打撃《だげき》でダメージを与《あた》えてから突《つ》くという方法《ほうほう》が一般的《いっぱんてき》だが、その場合《ばあい》、長《なが》いほうが圧倒的《あっとうてき》に有利《ゆうり》になる。

もし、かりに、今《いま》ここで尾張勢《おわりぜい》と戦《たたか》ったら……。

（負《ま》けるだろうな）

その様子《ようす》が、ありありと見《み》えた。

「やはり、信長《のぶなが》どのはうつけでしたな」

側近《そっきん》にそう言《い》われ、道三《どうさん》は、「ああ」とうなずいた。

「そうだ。そのうつけの門前《もんぜん》に、わしの息子《むすこ》たちは馬《うま》をつなぐことになるだろう」

「馬《うま》をつなぐ」というのは、「家来《けらい》になる」という意味《いみ》だ。

この面会《めんかい》、道三《どうさん》の負《ま》けだった。

すべて信長《のぶなが》の掌《て》の中《なか》だった。自分《じぶん》の考《かんが》えや行動《こうどう》は、完全《かんぜん》に見《み》ぬかれていた。

最初《さいしょ》はおもしろくなかったが、やがて痛快《つうかい》になってきた。道三《どうさん》も「まむし」と呼《よ》ばれた男《おとこ》である。いったん信長《のぶなが》の器量《きりょう》を認《みと》めると、あとは協力《きょうりょく》を惜《お》しまなくなった。

「必要《ひつよう》とあらば、いつでも兵《へい》をお貸《か》ししよう」

そんな書状《しょじょう》が、道三《どうさん》から信長《のぶなが》のもとに届《とど》くようになった。

村木《むらき》砦《とりで》の戦《たたか》い

ときは乱世《らんせ》。周囲《しゅうい》は敵《てき》だらけといっていい。

領国《りょうごく》の中《なか》が乱《みだ》れると、たちまち近《ちか》くの国《くに》が攻《せ》めてくる。

信長《のぶなが》の国《くに》、尾張《おわり》の東《ひがし》には三河《みかわ》がある。＊1駿河《するが》と＊2遠江《とおとうみ》、そして三河《みかわ》の領主《りょうしゅ》は今川義元《いまがわよしもと》だ。

いくさ上手《じょうず》だった信秀《のぶひで》が亡《な》くなると、義元《よしもと》は今《いま》がチャンスとばかり、尾張《おわり》に手《て》をのばしてきた。息子《むすこ》の信長《のぶなが》がうつけだと聞《き》いているので、領地《りょうち》を奪《うば》ってやろうと考《かんが》えたのだ。

天文《てんぶん》二十三年《ねん》（一五五四年《ねん》）一月《がつ》、今川勢《いまがわぜい》は尾張《おわり》の村木《むらき》に砦《とりで》を築《きず》いた。

村木《むらき》は、知多半島《ちたはんとう》の東側《ひがしがわ》、ほぼつけ根《ね》にあたる位置《いち》で、ここから二キロほど南《みなみ》に、信長《のぶなが》と同盟《どうめい》を結《むす》んでいる水野信元《みずののぶもと》の緒川城《おがわじょう》がある。

村木砦《むらきとりで》が築《きず》かれると、知多半島《ちたはんとう》の西側《にしがわ》にある織田方《おだがた》の寺本城《てらもとじょう》も今川方《いまがわがた》に寝返《ねがえ》り、緒川城《おがわじょう》の水野《みずの》信元《のぶもと》はいよいよ孤立《こりつ》してしまった。

味方《みかた》がピンチにおちいっているのに、なにもできないのなら、信長《のぶなが》はリーダーとしての信頼《しんらい》を

＊1 駿河《するが》……現在《げんざい》の静岡県中部《しずおかけんちゅうぶ》から北東部《ほくとうぶ》。＊2 遠江《とおとうみ》……現在《げんざい》の静岡県《しずおかけん》の大井川《おおいがわ》より西《にし》の部分《ぶぶん》。

一気《いっき》に失《うしな》うことになる。なんとしても水野信元《みずののぶもと》を助《たす》けなければならないが、兵《へい》が足《た》りない。信秀《のぶひで》の死《し》から三年《ねん》、多《おお》くの家臣《かしん》が織田家《おだけ》から離《はな》れた。それに、弟《おとうと》の信行《のぶゆき》をあとつぎにしようと考《かんが》えて、信長《のぶなが》の言《い》うことを聞《き》かない兵《へい》も多《おお》く、実際《じっさい》に動《うご》かせるのは、千人《せんにん》ほどしかなかった。

その千人《せんにん》を、村木砦《むらきとりで》に向《む》かわせれば、那古野《なごや》城《じょう》が留守《るす》になる。かりに五百人《ひゃくにん》を城《しろ》に残《のこ》し、あとの五百《ひゃく》の兵《へい》で攻《せ》めていっても勝《か》てるものではない。戦闘《せんとう》には、最低《さいてい》でも千人《せんにん》は欲《ほ》しい。

敵《てき》は今川《いまがわ》だけではなく、同《おな》じ織田一族《おだいちぞく》でも争《あらそ》いがつづいている。

尾張《おわり》のほぼ中心《ちゅうしん》には、織田信友《おだのぶとも》が支配《しはい》する清《きよ》洲城《すじょう》があった。この信友《のぶとも》が織田《おだ》の本家《ほんけ》で、尾張《おわり》内《ない》の大《おお》きな勢力《せいりょく》だった。信長《のぶなが》が那古野城《なごやじょう》をあけ

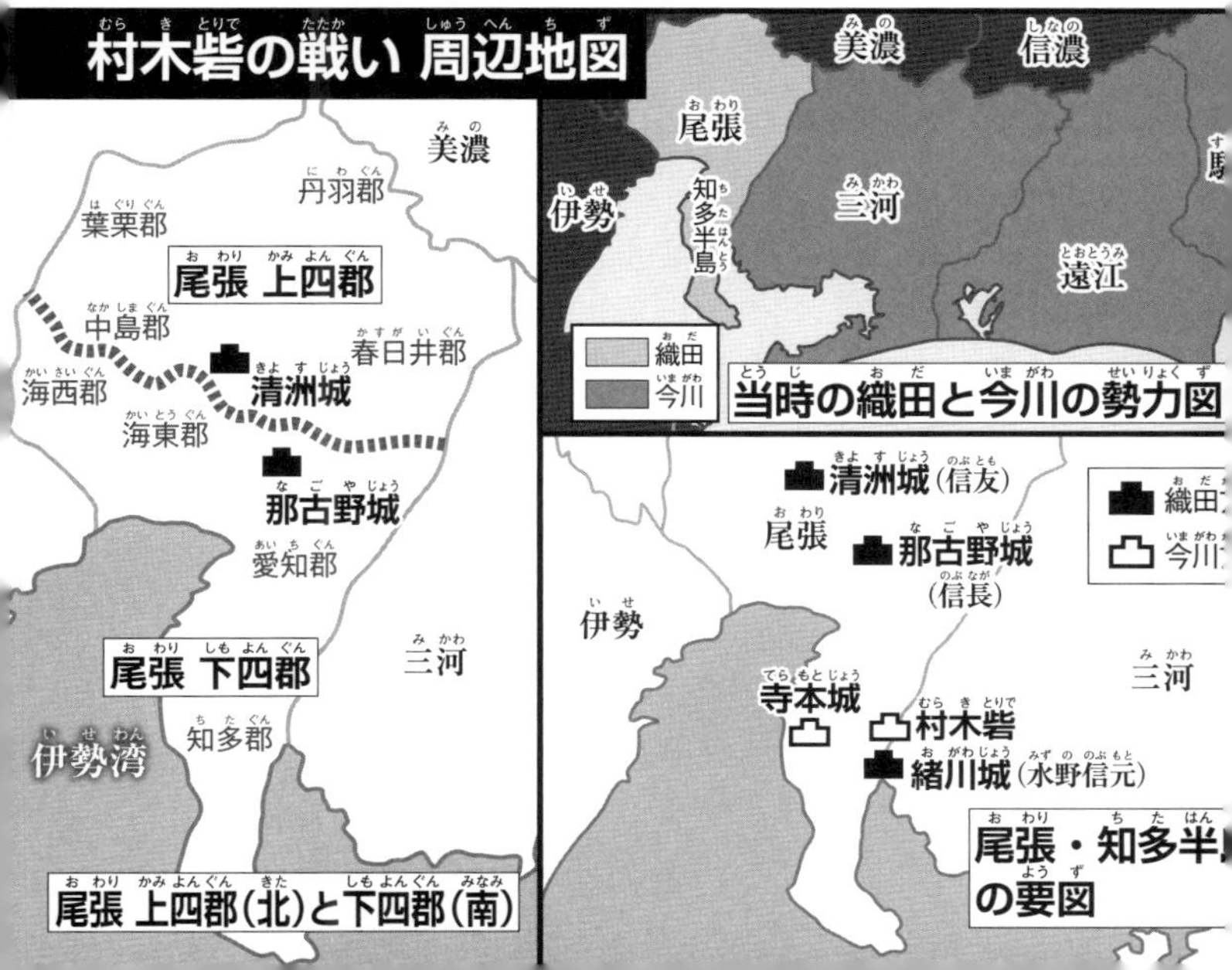

れば、その隙《すき》をついて、清洲城《きよすじょう》から信友勢《のぶともぜい》が、ここぞとばかり攻《せ》めてくるだろう。

「さあ、どうする。那古野《なごや》の小僧《こぞう》め」

信友《のぶとも》の重臣《じゅうしん》、坂井大膳《さかいだいぜん》は、この危機《きき》の中《なか》で信長《のぶなが》の出方《でかた》を見守《みまも》っていた。

「城《しろ》を留守《るす》にしたら、攻《せ》めこんで、町《まち》を焼《や》きはらってやる」

大膳《だいぜん》にとっては、那古野城《なごやじょう》を乗《の》っとるチャンスなのだ。

いくさでは、敵《てき》の町《まち》や村《むら》に火《ひ》を放《はな》つ。田畑《たはた》を焼《や》きはらえば、作物《さくもつ》がだいなしになり、敵《てき》の食糧《しょくりょう》を断《た》つことができる。どんな軍《ぐん》でも、食《た》べものがなければ戦力《せんりょく》を失《うしな》う。

それだけでなく、町《まち》を焼《や》けば、領民《りょうみん》が自分《じぶん》たちの生活《せいかつ》を守《まも》ってくれない領主《りょうしゅ》に愛想《あいそ》をつかす。

このため、信長《のぶなが》は那古野城《なごやじょう》を留守《るす》にするわけにはいかないのだ。かといって、水野信元《みずののぶもと》を見《み》すてることもできない。武将《ぶしょう》としての生命《せいめい》を絶《た》たれるほどのピンチだった。

(兵《へい》が欲《ほ》しい)

せめて、あと千人《せんにん》。

信長《のぶなが》は人《ひと》を遠《とお》ざけ、部屋《へや》でひとりきりになって考《かんが》えた。こういうとき、信長《のぶなが》は家臣《かしん》の意見《いけん》をもとめない。

自分《じぶん》より頭《あたま》のいい家来《けらい》など、ひとりもいないからだ。そして、だれも思《おも》いつかない方法《ほうほう》で、危《き》機《き》を突破《とっぱ》する。考《かんが》えは、すぐにまとまった。

「まむしから兵《へい》をかりる」

そう告《つ》げたとき、周囲《しゅうい》の者《もの》は腰《こし》をぬかすほどおどろいた。

「その兵《へい》に、留守役《るすやく》をしてもらう」

たしかに、道三《どうさん》は「いつでも兵《へい》をお貸《か》ししよう」と書状《しょじょう》で約束《やくそく》している。だが、相手《あいて》は「まむし」ではないか。いつ裏切《うらぎ》るか、わかったものではない。

しかし、信長《のぶなが》の行動《こうどう》は早《はや》かった。だれにも相談《そうだん》せず道三《どうさん》に連絡《れんらく》した。

道三《どうさん》も気前《きまえ》よく応《おう》じ、家臣《かしん》の安藤守就《あんどうもりなり》が、千人《せんにん》の兵《へい》をひきいて到着《とうちゃく》した。

信長《のぶなが》は彼《かれ》らに、那古野城《なごやじょう》の近《ちか》くに陣《じん》をはらせた。城《しろ》の中《なか》に入《い》れてしまえば、そのまま乗《の》っとられる可能性《かのうせい》があった。応援《おうえん》は頼《たの》んでも、完全《かんぜん》に信用《しんよう》するわけでないのが、この時代《じだい》の鉄則《てっそく》だ。

その夜《よる》、信長《のぶなが》は安藤守就《あんどうもりなり》の陣《じん》に、みずから足《あし》を運《はこ》んであいさつをした。

「守就《もりなり》どの。よく来《き》てくださった。あなたが来《き》てくれたので留守《るす》は安心《あんしん》だ。よろしくお願《ねが》いします」

ていねいな言葉《ことば》をかけられて、守就《もりなり》は感激《かんげき》した。

道三《どうさん》からは、尾張《おわり》の様子《ようす》を細《こま》かく報告《ほうこく》しろと言《い》われている。場合《ばあい》によっては「盗《と》る」可能性《かのうせい》もあるということだ。が、このように人《ひと》の心《こころ》をつかむ信長《のぶなが》に、そんな隙《すき》があるだろうか。

いっぽうで、筆頭家老《ひっとうがろう》の林佐渡守《はやしさどのかみ》は、怒《いか》りのきわみにいた。

「まむしの兵《へい》を、城《しろ》の守《まも》りになど……わしに一言《ひとこと》の相談《そうだん》もなく……！　城《しろ》を盗《と》られたらどうするのだ。もう、つきあいきれん。わしは出《で》ていく」

そう言《い》って、ほんとうに出《で》ていってしまった。

信長《のぶなが》の身辺《しんぺん》の警護《けいご》もつとめる前田犬千代《まえだいぬちよ》（のちの利家《としいえ》）が、

「お館《やかた》さま、佐渡守《さどのかみ》さまが城《しろ》から出《で》ていかれました。たいへんなお怒《いか》り――」

「であるか」

信長《のぶなが》は、たたみこむようにあとをつづけた。頭《あたま》の回転《かいてん》が速《はや》すぎて、相手《あいて》が話《はな》し終《お》えるまで、もどかしくて待《ま》っていられないのだ。

「かまわん。だれがいなくなっても、やるべきことをやるだけだ」

犬千代《いぬちよ》は、あわてながらも、あきれた。一番家老《いちばんがろう》が去《さ》っていったのである。ただでさえ悪《わる》い状況《じょうきょう》が、さらに悪《わる》くなったというのに、このそっけない反応《はんのう》はどうだろう。

留守《るす》をねらっているのは、坂井大膳《さかいだいぜん》だけではない。

弟《おとうと》の信行《のぶゆき》も、この状況《じょうきょう》を見《み》つめている。母《はは》の土田御前《どたごぜん》がそそのかすかもしれないし、林佐渡守《はやしさどのかみ》も、隙《すき》あらば那古野城《なごやじょう》を信行《のぶゆき》のものにしようとはたらきかけるかもしれない。

（やつらが決断《けつだん》をくだす前《まえ》にすべてを終《お》わらせれば、この危機《きき》を突破《とっぱ》できる）

信長《のぶなが》が最大《さいだい》の武器《ぶき》にしたのが「スピード」だった。

陸路《りくろ》では、村木砦《むらきとりで》にたどりつくまでに今川勢《いまがわぜい》と交戦《こうせん》することになるため、信長《のぶなが》は海路《かいろ》を進軍《しんぐん》コースに選《えら》んだ。

が、このとき嵐《あらし》が吹《ふ》き荒《あ》れていた。海面《かいめん》は丘《おか》のように盛《も》りあがっている。

「無理《むり》です。船《ふね》など出《だ》せません」

船頭《せんどう》たちは、ひるんだ。荒《あ》れくるう波《なみ》を見《み》れば、だれだって海《うみ》をわたるなど不可能《ふかのう》だと思《おも》う。

「その昔《むかし》、源義経《みなもとのよしつね》と梶原景時《かじわらかげとき》が舟《ふね》のことで言《い》い争《あらそ》ったのも、こんな嵐《あらし》の日《ひ》だった。彼《かれ》らにできたのなら、わが軍《ぐん》にもできる。船《ふね》を出《だ》せ。出《だ》さなければ、ここで殺《ころ》してやる」

信長《のぶなが》は、昔《むかし》のいくさ話《ばなし》をよく知《し》っていた。それを持《も》ちだして自分《じぶん》たちの行動《こうどう》の理由《りゆう》にし、家来《けらい》たちを強引《ごういん》に説得《せっとく》した。――知識《ちしき》とは、活用《かつよう》するためにあるのだ。

強引《ごういん》な出航《しゅっこう》は、常識《じょうしき》では考《かんが》えられないスピードにつながった。

風《かぜ》は、天《てん》が味方《みかた》するような追《お》い風《かぜ》だった。すべての船《ふね》に帆《ほ》を立《た》てさせると、吹《ふ》きわたる大風《おおかぜ》を目《め》いっぱいはらんだ帆《ほ》が、飛《と》ぶように船《ふね》を走《はし》らせた。

知多半島《ちたはんとう》に上陸《じょうりく》した翌々日《よくよくじつ》の早朝《そうちょう》から、信長《のぶなが》の軍《ぐん》は、すさまじい勢《いきお》いで村木砦《むらきとりで》を攻《せ》めた。

信長《のぶなが》はみずから先頭《せんとう》に立《た》って、取《と》っかえ引《ひ》っかえ撃《う》つという、初《はつ》の連射攻撃《れんしゃこうげき》で、つぎつぎに村《むら》木砦《きとりで》の兵《へい》を撃《う》ち落《お》とした。

夕方《ゆうがた》になってついに今川側《いまがわがわ》が降参《こうさん》し、およそ九時間《じかん》にわたる死闘《しとう》が終《お》わった。織田方《おだがた》にも死者《ししゃ》や負傷者《ふしょうしゃ》が山《やま》ほど出《で》ていた。信長《のぶなが》と親《した》しかった家臣《かしん》もおおぜい亡《な》くなっている。

「おまえも死《し》んだか。おまえもか……」

本陣《ほんじん》にもどった信長《のぶなが》は、亡《な》くなった家臣《かしん》たちの遺体《いたい》を見《み》てまわり、涙《なみだ》を流《なが》した。

大《おお》きな犠牲《ぎせい》を払《はら》った勝利《しょうり》であり、それだけに、こみあげてくる思《おも》いがあったのだ。

翌日《よくじつ》、今川《いまがわ》に寝返《ねがえ》った寺本城《てらもとじょう》を攻《せ》め、城下《じょうか》に火《ひ》を放《はな》って、那古野城《なごやじょう》へ帰《かえ》った。


「バ、バカなっ。信長《のぶなが》が一日《にち》で村木砦《むらきとりで》を落《お》としただと？」

清洲城《きよすじょう》の坂井大膳《さかいだいぜん》は、おどろきを隠《かく》せなかった。

いつ那古野《なごや》を攻《せ》めに行《い》くか、そのタイミングをはかっているところだったのに、つぎに入《はい》ってきた情報《じょうほう》が、村木砦《むらきとりで》の陥落《かんらく》と信長《のぶなが》の帰還《きかん》だったのだ。

「なんて速《はや》さだ……」

これでは攻《せ》めこむ暇《ひま》などないではないか。

「うそだっ。こんなに早《はや》く解決《かいけつ》するわけないだろ！」

*末森城《すえもりじょう》にいる信行《のぶゆき》の声《こえ》はうわずっていた。

「鬼神《きじん》なのです。おまえの兄《あに》は、あれは人《ひと》ではないのです」

土田御前《どたごぜん》も、今《いま》さらながらわが子《こ》である信長《のぶなが》の行動《こうどう》に戦慄《せんりつ》した。

（なんと早《はや》いお帰《かえ》りだ……。わたしが到着《とうちゃく》してから、まだ五日《いっか》ではないか）

信長《のぶなが》のあいさつを受《う》けた安藤守就《あんどうもりなり》がおどろいたのも、無理《むり》はない。安藤《あんどう》たちが那古野《なごや》に着《つ》いた翌々日《よくよくじつ》にはもう、荒《あ》れくるう海《うみ》を、たったの一時間《じかん》でわたったという。それから二日《ふつか》もかからず村木砦《むらきとりで》を落《お》としている。

「なぜ、そんなことができたのですか」

＊末森城《すえもりじょう》……信長《のぶなが》の父《ちち》・信秀《のぶひで》が建《た》てた城《しろ》で、那古野城《なごやじょう》の東南《とうなん》5km《キロメートル》ほどの場所《ばしょ》にあった。城主《じょうしゅ》は信行《のぶゆき》。

「鍛《きた》えているからです」

信長《のぶなが》は、あっさりと答《こた》えた。信長《のぶなが》のみならず、側近《そっきん》の前田犬千代《まえだいぬちよ》や丹羽長秀《にわながひで》たちも、つね日《ひ》ごろからいくさを想定《そうてい》して、日々《ひび》の鍛錬《たんれん》を欠《か》かさない。

日常《にちじょう》が戦場《せんじょう》なのだ。なにか事《こと》があれば、これぐらいの動《うご》きはできるようにしている。

信長《のぶなが》は心《こころ》の中《なか》で、林佐渡守《はやしさどのかみ》に、坂井大膳《さかいだいぜん》に、弟《おとうと》の信行《のぶゆき》に毒《どく》づく。

(機《き》を見《み》ても動《うご》きだせないボンクラどもめ)

美濃《みの》にもどった安藤守就《あんどうもりなり》から一部始終《いちぶしじゅう》を聞《き》いた斎藤道三《さいとうどうさん》は、

「おそるべき男《おとこ》だ。隣《となり》の国《くに》にはいてほしくない人《ひと》だな」

と言《い》って、ため息《いき》をついた。

道三《どうさん》の死《し》と家中《かちゅう》の対立《たいりつ》

尾張《おわり》の国《くに》を支配《しはい》している守護《しゅご》は、斯波氏《しばし》という。その家臣《かしん》（守護代《しゅごだい》）の織田信友《おだのぶとも》は、織田《おだ》の本《ほん》家《け》でもあり、ほとんど斯波氏《しばし》をしのぐほどの実権《じっけん》をにぎるようになっていた。

村木砦《むらきとりで》の戦《たたか》いから半年後《はんとしご》の天文《てんぶん》二十三年《ねん》（一五五四年《ねん》）、七月《がつ》。欲《よく》にかられた信友《のぶとも》の重臣《じゅうしん》、坂《さか》井大膳《いだいぜん》たちが守護《しゅご》の屋敷《やしき》をおそい、火《ひ》をかけて斯波氏《しばし》を殺《ころ》してしまった。

大膳《だいぜん》は、信長《のぶなが》の叔父《おじ》である信光《のぶみつ》を呼《よ》んで、信友《のぶとも》とともに、ふたりで守護代《しゅごだい》をつとめてくれと頼《たの》んだ。信光《のぶみつ》もこころよくそれに応《おう》じて、天文《てんぶん》二十四年《ねん》（一五五五年《ねん》）四月《がつ》に清洲城《きよすじょう》へ入《はい》った。

ところが、実《じつ》は信光《のぶみつ》は、裏《うら》でひそかに信長《のぶなが》と約束《やくそく》を交《か》わしていた。「尾張《おわり》の下四郡《しもよんぐん》の東半分《ひがしはんぶん》をもらう」という交換条件《こうかんじょうけん》で、自分《じぶん》が先《さき》に入《はい》って清洲城《きよすじょう》を乗《の》っとる計画《けいかく》だったのだ。

「ちょうどいい。叔父上《おじうえ》、ついでに大膳《だいぜん》も消《け》してしまおう」

信長《のぶなが》は言《い》った。なにかと目《め》ざわりだった坂井大膳《さかいだいぜん》を、この際《さい》、暗殺《あんさつ》しようというのだ。

そうと知《し》らず礼《れい》にきた大膳《だいぜん》だが、カンのいい男《おとこ》で、城《しろ》に入《はい》ってから妙《みょう》な気配《けはい》を感《かん》じ、途中《とちゅう》で引《ひ》きかえしてしまった。今川義元《いまがわよしもと》のもとへ逃《に》げたらしい。

いっぽう信光《のぶみつ》は計画《けいかく》どおり信友《のぶとも》を追《お》いつめ、腹《はら》を切《き》らせて、ついに清洲城《きよすじょう》を乗《の》っとった。

これによって、信長《のぶなが》は叔父《おじ》・信光《のぶみつ》の招《まね》きで、清洲城《きよすじょう》に入《はい》ることができた。


同年《どうねん》十一月《がつ》、隣国《りんごく》の美濃《みの》でも大事件《だいじけん》が発生《はっせい》した。

斎藤道三《さいとうどうさん》の三人《にん》の息子《むすこ》のうち、長男《ちょうなん》の義龍《よしたつ》が、弟《おとうと》ふたりを暗殺《あんさつ》したのだ。

義龍《よしたつ》は、道三《どうさん》の血《ち》を引《ひ》いていない。道三《どうさん》が美濃《みの》を乗《の》っとる前《まえ》にいた土岐氏《ときし》の息子《むすこ》だった。

日《ひ》ごろから父《ちち》にバカにされるいっぽうで、弟《おとうと》たちが大事《だいじ》にされていたので、このままだと自分《じぶん》があとをつげないとわかっていたのである。

斎藤道三《さいとうどうさん》はこのときは、すぐさま*稲葉山城《いなばやまじょう》から脱出《だっしゅつ》して、山中《さんちゅう》に逃《に》げこんだ。

そして翌年《よくとし》の四月《がつ》、ついに道三《どうさん》と義龍《よしたつ》は対決《たいけつ》した。

婿《むこ》の立場《たちば》にある信長《のぶなが》も、当然《とうぜん》、道三《どうさん》に加勢《かせい》するために出陣《しゅつじん》したが、間《ま》にあわなかった。

長良川《ながらがわ》の河原《かわら》で美濃勢《みのぜい》と斬《き》りあっているところに、「道三《どうさん》、死《し》す」の報告《ほうこく》が入《はい》ったのだ。

「まむしの義父《ちち》どのが……」

無念《むねん》だったが、引《ひ》きかえすしかなかった。

＊稲葉山城《いなばやまじょう》……美濃国《みののくに》の、現在《げんざい》の岐阜城《ぎふじょう》の場所《ばしょ》（金華山《きんかざん》）にあった城《しろ》。このときは斎藤氏《さいとうし》の居城《きょじょう》。１８８ページ参照《さんしょう》。

信長《のぶなが》は、またひとり、大《おお》いなる味方《みかた》を失《うしな》った。

織田《おだ》の家中《かちゅう》も、あいかわらずまとまっていない。

信長《のぶなが》に反逆《はんぎゃく》する勢力《せいりょく》として、林佐渡守《はやしさどのかみ》・美作守《みまさかのかみ》の兄弟《きょうだい》と柴田勝家《しばたかついえ》が、信行《のぶゆき》をあとつぎにするように、あおりたてているという。それを知《し》った信長《のぶなが》は、わざと四番目《ばんめ》の弟《おとうと》の信時《のぶとき》と、たったふたりで、那古野城《なごやじょう》の林佐渡守《はやしさどのかみ》のところへ出向《でむ》いた。

信長《のぶなが》の真意《しんい》をはかりかねて青《あお》ざめている佐渡守《さどのかみ》に、

「どうした、佐渡《さど》。その顔《かお》は？」

「はあ。いや」

「なにか、うしろめたいことでもあるのか」

信長《のぶなが》は、敵《てき》のただ中《なか》にいる。つまり、一歩《いっぽ》まちがえれば殺《ころ》されるという命《いのち》がけのスリルを味《あじ》わいながら、佐渡守《さどのかみ》をからかって楽《たの》しんでいた。

佐渡守《さどのかみ》の弟《おとうと》の美作守《みまさかのかみ》は、こっそりと兄《あに》を呼《よ》んで、

「こんな機会《きかい》はまたとありません。ここで殺《ころ》しましょう」

ともちかけたが、

「いや。いくらなんでも、こんな形《かたち》で殺《ころ》すのは、卑怯《ひきょう》だ。罰《ばち》があたる」

と佐渡守《さどのかみ》は断《ことわ》った。

「それにしても剛胆《ごうたん》なお方《かた》だ」

その場《ば》に居《い》あわせた柴田勝家《しばたかついえ》は、むしろ感心《かんしん》したように言《い》った。


このときは無事《ぶじ》に清洲《きよす》に帰《かえ》ったが、八月二十二日《にち》、いよいよ信行《のぶゆき》が本格的《ほんかくてき》に挙兵《きょへい》した。

信行《のぶゆき》の軍《ぐん》、千七百《せんひゃく》に対《たい》し、信長《のぶなが》の軍《ぐん》は七百《ひゃく》しかない。

圧倒的《あっとうてき》に不利《ふり》な戦《たたか》いだが、このときの信長《のぶなが》の怒《いか》りはすさまじかった。

(信行《のぶゆき》め。兄《あに》を殺《ころ》してまで、あとつぎの立場《たちば》に取《と》ってかわりたいか)

ただでさえ兵《へい》が足《た》りないのに、織田《おだ》の身内同士《みうちどうし》で戦《たたか》わねばならないことが腹立《はらだ》たしかった。

「美作《みまさか》め、おまえがあおったか!」

信長《のぶなが》は先頭《せんとう》に立《た》って突進《とっしん》し、敵将《てきしょう》の林美作守《はやしみまさかのかみ》を、槍《やり》で突《つ》き殺《ころ》した。信長《のぶなが》の気迫《きはく》におされ、倍以《ばいい》上《じょう》もいる信行《のぶゆき》の軍《ぐん》は後退《こうたい》していった。


この戦《たたか》いのあと、母《はは》の必死《ひっし》の願《ねが》いもあって、信長《のぶなが》は弟《おとうと》を許《ゆる》した。

柴田勝家《しばたかついえ》も、林佐渡守《はやしさどのかみ》も許《ゆる》した。彼《かれ》らは使《つか》える人物《じんぶつ》であり、まだまだ人材《じんざい》のとぼしい織田家《おだけ》にあって、使《つか》える男《おとこ》を感情《かんじょう》にまかせて殺《ころ》すのは、「もったいない」からだ。

実際《じっさい》、柴田勝家《しばたかついえ》は家中《かちゅう》きっての勇猛《ゆうもう》な戦《たたか》いぶりで、このあとも長《なが》く信長《のぶなが》を助《たす》けていくことになる。

その勝家《かついえ》が、信行《のぶゆき》のさらなる反逆《はんぎゃく》の気配《けはい》を知《し》らせてきたのは、翌年《よくとし》、弘治《こうじ》三年《ねん》（一五五七年《ねん》）だった。

「信行《のぶゆき》どのは、岩倉城《いわくらじょう》の信安《のぶやす》どのと手《て》を組《く》むおつもり――」

「であるか」

と信長《のぶなが》は、他人事《ひとごと》のように言《い》った。それから、病気《びょうき》になって寝《ね》こんでいるふりをして、ずっと城《しろ》を出《で》なかった。

弟《おとうと》の立場《たちば》では、見舞《みま》いに行《い》かなければならない。柴田勝家《しばたかついえ》と母《はは》の土田御前《どたごぜん》にもすすめられ、信《のぶ》行《ゆき》は清洲《きよす》に出向《でむ》いた。

信長《のぶなが》が寝《ね》ている部屋《へや》に案内《あんない》されて入《はい》ると、

「兄上《あにうえ》。なにぶん、このたびは……」

と、丁重《ていちょう》に見舞《みま》いのあいさつをした。内心《ないしん》では、緊張《きんちょう》している。心《こころ》のうちを見《み》ぬかれたのかもしれないという不安《ふあん》。それに、なにをしでかすかわからない兄《あに》へのおそれもあった。

「よく来《き》てくれたな」

信長《のぶなが》はやさしく言《い》って、布団《ふとん》の上《うえ》に半身《はんしん》を起《お》こした。その身《み》のこなしは軽《かる》く、表情《ひょうじょう》にも気迫《きはく》がみなぎっていて、重《おも》い病《やまい》にかかっているようにはとても見《み》えない。

布団《ふとん》のそばには、信長《のぶなが》の側近《そっきん》の武士《ぶし》たちがひかえている。

「信行《のぶゆき》。ひとつ頼《たの》みがある」

信長《のぶなが》は落《お》ちついた声《こえ》で言《い》った。

「わたしにできることなら。——兄上《あにうえ》、なんでございますか」

「ここで死《し》んでくれ」

「えっ」

待《ま》ちかまえていた家臣《かしん》たちが、刀《かたな》をぬいて信行《のぶゆき》をおそった。

信行《のぶゆき》は、ズタズタに斬《き》られて息絶《いきた》えた。

桶狭間《おけはざま》の大逆転《だいぎゃくてん》

清洲城《きよすじょう》に入《はい》って政務《せいむ》をとるようになり、弟《おとうと》でありながらライバルでもあった信行《のぶゆき》を抹殺《まっさつ》し、家《か》中《ちゅう》の反対勢力《はんたいせいりょく》を退《しりぞ》けて、事実上《じじつじょう》は尾張《おわり》の支配者《しはいしゃ》にまでのぼりつめた信長《のぶなが》だが、ここにきて強大《きょうだい》な外敵《がいてき》を迎《むか》えることになった。

永禄三年《えいろくさんねん》（一五六〇年《ねん》）、駿河《するが》、三河《みかわ》、遠江《とおとうみ》の領主《りょうしゅ》である今川義元《いまがわよしもと》が、ついに上洛《じょうらく》の動《うご》きを見《み》せたのだ。

このころの京《きょう》は荒《あ》れはて、御所《ごしょ》（天皇《てんのう》の住《す》む場所《ばしょ》）の塀《へい》が壊《こわ》されて、子《こ》どもが勝手《かって》に入《はい》って遊《あそ》んでいるという状態《じょうたい》だった。

首都《しゅと》である京《きょう》の治安《ちあん》を取《と》りもどすには、はびこる夜盗《やとう》や強盗《ごうとう》などを押《お》さえつけるだけの強《つよ》い兵《へい》力《りょく》が必要《ひつよう》になる。今川義元《いまがわよしもと》の軍事力《ぐんじりょく》は、日本《にほん》の各地《かくち》に割拠《かっきょ》していた当時《とうじ》の大名《だいみょう》の中《なか》で、最大勢力《さいだいせいりょく》のひとつだった。

また、義元《よしもと》は和歌《わか》などの教養《きょうよう》もあり、貴族《きぞく》の文化《ぶんか》にもくわしく、公家《くげ》とのつながりもあったので、京《きょう》の治安《ちあん》を守《まも》るために、朝廷《ちょうてい》から救援《きゅうえん》をもとめられたのだ。
ほかの大名《だいみょう》たちに先《さき》んじて京《きょう》へのぼれば、天下《てんか》を取《と》るための重要《じゅうよう》な足《あし》がかりにもなる。義元《よしもと》にしても、この上洛《じょうらく》は人生《じんせい》の一大事《いちだいじ》だった。
*1甲斐《かい》の武田信玄《たけだしんげん》、*2相模《さがみ》の北条氏康《ほうじょううじやす》と、たがいに息子《むすこ》や娘《むすめ》を結婚《けっこん》させあって、三国同盟《さんごくどうめい》を結《むす》んでいた義元《よしもと》にとって、上洛《じょうらく》の際《さい》に敵対《てきたい》する勢力《せいりょく》は、尾張《おわり》の織田家《おだけ》しかない。

これまでにも今川《いまがわ》と織田《おだ》の小競《こぜ》りあいはあったが、義元《よしもと》みずからが二万《まん》五千《せん》の大軍《たいぐん》をひきいて上洛《じょうらく》するとなれば、今度《こんど》こそ決戦《けっせん》になる。これから天下《てん》取《と》りに乗《の》りだそうとする義元《よしもと》は、この機《き》会《かい》に弱小大名《じゃくしょうだいみょう》の織田家《おだけ》を併合《へいごう》しようと考《かんが》えるだろう。

それは織田家中《おだかちゅう》の、だれの目《め》にもあきらかだった。

戦《たたか》うか、降伏《こうふく》するか。意見《いけん》が分《わ》かれた。戦《たたか》うにしても、まっこうから迎《むか》え撃《う》つには、兵力《へいりょく》に差《さ》がありすぎる。

家中《かちゅう》の意見《いけん》は、籠城《ろうじょう》にかたよっていた。籠城《ろうじょう》というのは、外《そと》に出《で》て敵軍《てきぐん》と戦《たたか》うのではなく、城《しろ》にこもって防戦《ぼうせん》することだ。

五月《がつ》十七日《にち》、義元《よしもと》の軍《ぐん》は、清洲城《きよすじょう》から二十三キロほど南東《なんとう》の*3沓掛《くつかけ》までせまった。

翌日《よくじつ》の夜《よる》、清洲城《きよすじょう》にて開《ひら》かれた評定《ひょうじょう》（会議《かいぎ》）で、信長《のぶなが》はいくさとは関係《かんけい》のない話《はなし》ばかりして、

*1 甲斐《かい》……現在《げんざい》の山梨県《やまなしけん》。 *2 相模《さがみ》……現在《げんざい》の神奈川県《かながわけん》の大部分《だいぶぶん》。

作戦《さくせん》についてまったく触《ふ》れようとしなかった。

「ここは、やはり籠城《ろうじょう》を」

家老《かろう》の林佐渡守《はやしさどのかみ》が、たまりかねて言《い》った。

「そんなに血相《けっそう》を変《か》えるな、佐渡《さど》」

信長《のぶなが》は、他人事《ひとごと》のように落《お》ちついている。

「なんと言《い》われる。織田家《おだけ》の一大事《いちだいじ》に、みな頭《あたま》を悩《なや》ませているのですぞ！」

「悩《なや》むのではない。考《かんが》えるのだ」

（なっ、なにを……）

佐渡守《さどのかみ》は、歯噛《はが》みした。

「今夜《こんや》はもう遅《おそ》い。お開《ひら》きにしよう」

信長《のぶなが》は、大《おお》あくびをして、評定《ひょうじょう》を解散《かいさん》した。

「これじゃ、なんのために集《あつ》まったんだ」

「若《わか》とのさまの知恵《ちえ》もくもったか」

家臣《かしん》たちは小声《こごえ》でブツブツ言《い》いながら帰《かえ》っていった。

（だれが籠城《ろうじょう》などするかよ）

評定《ひょうじょう》の場《ば》で口《くち》にしなかったが、信長《のぶなが》の考《かんが》えはとっくに決《き》まっている。奇襲《きしゅう》をかけるのだ。守《まも》りに徹《てっ》した戦《たたか》いなど性《しょう》に合《あ》わない。

戦《たたか》うとは、攻《せ》めることだ。

（親父《おやじ》どのは、義元《よしもと》に勝《か》った）

信長《のぶなが》が九歳《さい》のころだった。三河《みかわ》をめぐる勢力争《せいりょくあらそ》い、＊小豆坂《あずきざか》の戦《たたか》いと呼《よ》ばれるいくさで、父《ちち》・信秀《のぶひで》は義元《よしもと》の軍《ぐん》を追《お》いかえしている。

（ならば、おれも勝《か》つ）

信秀《のぶひで》は、はやり病《やまい》で亡《な》くなる直前《ちょくぜん》、見舞《みま》いに来《き》た信長《のぶなが》に、こう言《い》った。

「三郎《さぶろう》。おまえはもしかしたら、おれ以上《いじょう》の武将《ぶしょう》になるかもしれんな」

親子《おやこ》でも敵同士《てきどうし》になりかねない戦国《せんごく》の世《よ》において、このような胸《むね》のうちは、ふつうは口《くち》にしない。強烈《きょうれつ》な自我《じが》と自信《じしん》を持《も》つ信秀《のぶひで》だったが、病床《びょうしょう》で死《し》を悟《さと》っていたのか、それだけに飾《かざ》らない本音《ほんね》を告《つ》げる気《き》になったのだろう。

「発想《はっそう》に枠《わく》がない。たとえば、あのバカみたいに長《なが》い槍《やり》にしてもそうだ。ふつうはだれも思《おも》いつ

＊小豆坂《あずきざか》の戦《たたか》い……三河国《みかわのくに》小豆坂《あずきざか》で、1542年《ねん》と1548年《ねん》の二回《かい》にわたってくりひろげられた織田対今川《おだたいいまがわ》の戦《たたか》い。

かん」

「親父《おやじ》どのは、あの槍《やり》には反対《はんたい》でしたな」

「ふん。実際《じっさい》に戦《たたか》ったら、おまえの考《かんが》えた槍《やり》のほうが強《つよ》いわ」

布団《ふとん》に横《よこ》たわったまま、弱々《よわよわ》しい声《こえ》でつぶやく父《ちち》の言葉《ことば》を、信長《のぶなが》は正座《せいざ》して聞《き》いていた。

「ふつうの人間《にんげん》は、自分《じぶん》でも気《き》づかないうちに、常識《じょうしき》という枠《わく》にしばられて生《い》きている。だが、おまえは、そう教《おし》えたわけでもないのに、どういうわけか初《はじ》めからその枠《わく》を持《も》たずに生《う》まれてきた。一種《いっしゅ》のバケモノよ」

「バケモノですか、わたしは」

「うつけの皮《かわ》をかぶった、とびきりのバケモノだ」

「わたしが、わざとうつけの芝居《しばい》をしているとでも？」

信長《のぶなが》はニヤニヤして聞《き》いた。

「いや、おまえは、自分《じぶん》にとって、ごく当《あ》たり前《まえ》の方法《ほうほう》を選《えら》んでいるだけだ。が、ほかの人間《にんげん》は、その発想《はっそう》についていけない。ついていけない人間《にんげん》にとって、おまえの行動《こうどう》はうつけに見《み》えるのだ」

「さすがは、よくご存《ぞん》じで」

「からかうな。大《おお》うつけよ、織田家《おだけ》はおまえにまかせる。この乱世《らんせ》で思《おも》いきり暴《あば》れてこい。そして、行《い》けるところまでのぼりつめるがいい」

それが信秀《のぶひで》の残《のこ》した最後《さいご》の言葉《ことば》だった。

（のぼりつめてやるさ、天下《てんか》まで）

信秀《のぶひで》の織田《おだ》家《け》は、尾張《おわり》の守護《しゅご》の下《した》の、守護代《しゅごだい》の、そのまた家老《かろう》にすぎなかったが、信長《のぶなが》は父《ちち》に言《い》われる前《まえ》から、自分《じぶん》の器量《きりょう》が天下《てんか》をねらえるものであると気《き》づいていた。

そのために今川義元《いまがわよしもと》は、どうしても越《こ》えなければならない大《おお》きな壁《かべ》だった。


夜明《よあ》け前《まえ》に、異変《いへん》があった。

「今川勢《いまがわぜい》が、丸根《まるね》と鷲津《わしづ》の砦《とりで》を攻《せ》めています」

丸根《まるね》と鷲津《わしづ》は、織田《おだ》が今川《いまがわ》の拠点《きょてん》である大高城《おおだかじょう》を牽制《けんせい》（相手《あいて》の自由《じゆう》な行動《こうどう》を妨《さまた》げること）するために築《きず》いた砦《とりで》だった。

そこを攻《せ》めとられると、清洲城《きよすじょう》は、のどもとに刃《やいば》を突《つ》きつけられた状態《じょうたい》に等《ひと》しくなる。

「そうか」

信長《のぶなが》は小姓《こしょう》から報告《ほうこく》を聞《き》くと、すぐに出陣《しゅつじん》の支度《したく》をした。

このとき信長《のぶなが》は、幸若《こうわか》とよばれる舞《まい》の「敦盛《あつもり》」を舞《ま》った。

人間《にんげん》五十年《ねん》　下天《げてん》のうちをくらぶれば　夢《ゆめ》まぼろしのごとくなり
ひとたび生《しょう》を得《え》て　滅《めっ》せぬ者《もの》のあるべきか

「人《ひと》の一生《いっしょう》は五十年《ねん》　天上人《てんじょうにん》とくらべれば　夢《ゆめ》やまぼろしのように短《みじか》い
ひとたびこの世《よ》に生《う》まれて　滅《ほろ》びない者《もの》がいるものか」

という意味《いみ》で、圧倒的《あっとうてき》に不利《ふり》な出陣《しゅつじん》に際《さい》しての、覚悟《かくご》があらわれている。

とはいっても、負《ま》けるつもりはなかった。たとえ相手《あいて》の兵力《へいりょく》が十倍以上《ばいいじょう》だったとしても、はじめから勝負《しょうぶ》を投《な》げている者《もの》が勝《か》つことはありえない。

信長《のぶなが》は立《た》ったまま湯《ゆ》づけをかきこみ、武具《ぶぐ》をつけると、まだうす暗《ぐら》い中《なか》を、馬《うま》を駆《か》って飛《と》びだした。

あわてたのは家臣《かしん》たちだ。

「若《わか》との！」

「お待《ま》ちくだされ」

側近《そっきん》の前田犬千代《まえだいぬちよ》や柴田勝家《しばたかついえ》などが、大急《おおいそ》ぎであとを追《お》った。

ふつう大将《たいしょう》というものは、軍《ぐん》の奥《おく》にいて指揮《しき》をとるものだが、織田軍《おだぐん》では大将《たいしょう》みずからが真《ま》っ先《さき》に駆《か》けだしていくのだ。

日《ひ》ごろから馬《うま》を乗《の》りこなしているだけあって、とんでもなく速《はや》い。

かろうじて五人《にん》の家臣《かしん》たちが必死《ひっし》で追《お》いついた。

信長《のぶなが》は、清洲城《きよすじょう》から南東《なんとう》におよそ十二キロ先《さき》の熱田神宮《あつたじんぐう》で馬《うま》をとめ、戦勝祈願《せんしょうきがん》の参拝《さんぱい》をして、あとから来《く》る者《もの》たちを待《ま》った。

明《あか》るみはじめた空《そら》を見《み》ると、丸根《まるね》と鷲津《わしづ》の砦《とりで》は落《お》とされたらしく、煙《けむり》があがっている。千人《せんにん》に満《み》たない兵力《へいりょく》では、どうしようもなかっただろう。

(すまぬ)

信長《のぶなが》は心《こころ》の中《なか》で、死《し》んでいった家臣《かしん》たちにわ

びた。

日《ひ》が昇《のぼ》った午前五時前《ごぜんじまえ》には、織田家《おだけ》の兵《へい》たちがぞくぞくと集《あつ》まってきた。

信長《のぶなが》の頭《あたま》を占《し》めているのは、義元《よしもと》のいどころだった。

「白《しろ》ぬりめ。どこにいやがる」

白《しろ》ぬりというのは、化粧《けしょう》をした今川義元《いまがわよしもと》のことだ。公家《くげ》の文化《ぶんか》にもつうじていた義元《よしもと》は、顔《かお》に白《しろ》く化粧《けしょう》をしたり、お歯黒《はぐろ》をぬったりしていた。

「義元《よしもと》のいどころをさぐれ」

戦《たたか》いのカギをにぎるのは、情報《じょうほう》だ。勝利《しょうり》するためには、正確《せいかく》な情報《じょうほう》が必要《ひつよう》となる。この戦《たたか》いでもっとも必要《ひつよう》な情報《じょうほう》は、敵《てき》の大将《たいしょう》、今川義元《いまがわよしもと》がどこにいるか、ということにつきた。

信長《のぶなが》がじれていた午前十時《ごぜんじ》ごろ、織田軍《おだぐん》の武将《ぶしょう》、簗田政綱《やなだまさつな》が、歴史《れきし》をゆるがす報告《ほうこく》をもたらした。

「今川《いまがわ》どのは、田楽狭間《でんがくはざま》（桶狭間《おけはざま》）で休《やす》んでおります」

この日《ひ》、五月十九日《がつにち》は、人々《ひとびと》の記憶《きおく》に残《のこ》るほどの猛暑《もうしょ》だった。あまりの暑《あつ》さにたえかねて、今《いま》川《がわ》の兵《へい》たちは松林《まつばやし》のかげになる桶狭間《おけはざま》で軍《ぐん》を止《と》め、休《やす》んでいるという。

「わしの矛先《ほこさき》には、鬼《おに》でもかなうものか」

丸根《まるね》と鷲津《わしづ》を落《お》としたばかりで、義元《よしもと》はその戦勝《せんしょう》に浮《う》かれていた。休憩《きゅうけい》のついでに、少《すこ》し早《はや》く昼食《ちゅうしょく》をとることを伝令《でんれい》し、酒《さけ》まで飲《の》んでいるらしい。織田軍《おだぐん》など相手《あいて》にもならないと考《かんが》えているのだ。そこに隙《すき》があった。

実際《じっさい》、織田軍《おだぐん》の数《かず》は、今川軍《いまがわぐん》の十分《ぶん》の一にすぎない。

だが、どれほどの大軍《たいぐん》でも、真横《まよこ》から槍《やり》のように急所《きゅうしょ》を突《つ》けば勝機《しょうき》はある。

その急所《きゅうしょ》は、大将《たいしょう》の今川義元《いまがわよしもと》だ。

桶狭間《おけはざま》の空《そら》を、稲妻《いなずま》が切《き》りさいた。

大地《だいち》をゆるがすような雷鳴《らいめい》がとどろいて、あたりが一瞬《いっしゅん》、白《しろ》くなる。

昼《ひる》すぎなのに、黒《くろ》い雲《くも》に覆《おお》われた空《そら》は、夕方《ゆうがた》のように暗《くら》い。

そこへ、バラバラッと雹《ひょう》まじりの雨《あめ》が、すさまじい勢《いきお》いで落《お》ちてきた。

熱田《あつた》から南東《なんとう》の方角《ほうがく》へ、ひたすら下《くだ》っていく織田勢《おだぜい》の行軍《こうぐん》の音《おと》は、この折《おり》からの豪雨《ごうう》によって消《け》されている。しかも気《き》づかれずに義元《よしもと》のいる本陣《ほんじん》へと近《ちか》づいたときには、激《はげ》しかった雨《あめ》が、ウソのようにおさまりつつあった。

「ほかの者《もの》にはかまうな。義元《よしもと》の首《くび》だけをねらえ」

信長《のぶなが》の軍勢《ぐんぜい》は、雨《あめ》があがると同時《どうじ》に突撃《とつげき》した。

「な、なんだ、こいつらは！」

義元《よしもと》は、あわてふためいた。

「織田《おだ》の奇襲《きしゅう》です」

家臣《かしん》が告《つ》げると、

「まさか。あのうつけ者《もの》が」

義元《よしもと》は、あわてて輿《こし》に入《はい》り、家臣《かしん》にかつがせた。

信《しん》じられなかった。

「義元《よしもと》の本陣《ほんじん》はそこだ。かかれ！」

信長《のぶなが》は叫《さけ》び、馬《うま》をおりて、大将《たいしょう》みずから槍《やり》をふるって突《つ》きまくった。

義元《よしもと》は馬《うま》に乗《の》らず、輿《こし》で移動《いどう》しているために動《うご》きが遅《おそ》い。自分《じぶん》でもイライラしたのか、

「ええい、もうよい！」

と、輿《こし》を止《と》めさせて、外《そと》に出《で》た。

豪華《ごうか》で派手《はで》な着物《きもの》をまとっている義元《よしもと》は、よく目立《めだ》った。

走《はし》って逃《に》げようとするところを、織田方《おだがた》の服部小平太《はっとりこへいた》が発見《はっけん》した。

「今川《いまがわ》どの、お覚悟《かくご》っ！」

小平太《こへいた》は、馬《うま》からおりて斬《き》りかかった。

だが、義元《よしもと》も海道一《かいどういち》の弓取《ゆみと》りと呼《よ》ばれた大大名《だいだいみょう》だ。ここで気力《きりょく》が折《お》れてしまうほど弱《よわ》い人物《じんぶつ》ではない。

「ほざくなっ」

ふり向《む》きながら、愛刀《あいとう》の左文字《さもんじ》をぬき放《はな》った。

小平太《こへいた》は逆《ぎゃく》に膝《ひざ》を斬《き》られ、転《ころ》がって動《うご》けなくなった。

そこへ今度《こんど》は、毛利新介《もうりしんすけ》が太刀《たち》をつけた。新介《しんすけ》も小平太《こへいた》も、信長《のぶなが》の身近《みぢか》に仕《つか》える「馬廻《うままわり》」という立場《たちば》の武士《ぶし》で、武芸《ぶげい》にすぐれている。

義元《よしもと》は執念《しゅうねん》で新介《しんすけ》の指《ゆび》を噛《か》み切《き》ったが、新介《しんすけ》に首《くび》を斬《き》りつけられ、その首《くび》をかき切《き》られた。

「義元《よしもと》どのの首《くび》、討《う》ちとったりィ！」

新介《しんすけ》が勝《か》ち名《な》のりをあげると、戦場《せんじょう》がざわめいた。

「勝《か》った。今川《いまがわ》に勝《か》った！」

織田軍《おだぐん》の兵士《へいし》たちは興奮《こうふん》をおさえきれなかった。

このとき戦《たたか》った五千《せん》ほどの今川兵《いまがわへい》のうち、三千以上《ぜんいじょう》を討《う》ちとるという、まさかの大逆転《だいぎゃくてん》だった。

ふたりの味方《みかた》と尾張《おわり》の統一《とういつ》

桶狭間《おけはざま》の戦《たたか》いでの大勝利《だいしょうり》は、信長《のぶなが》の評価《ひょうか》を一気《いっき》に高《たか》めた。今川軍《いまがわぐん》の通過《つうか》によって、城下《じょうか》を焼《や》きはらわれることを覚悟《かくご》していた清洲《きよす》の人々《ひとびと》は、勝利《しょうり》してもどった信長《のぶなが》を、大喝采《だいかっさい》で迎《むか》えた。

最大最強《さいだいさいきょう》の大名《だいみょう》のひとりである今川義元《いまがわよしもと》を倒《たお》したのだ。信長《のぶなが》の武名《ぶめい》は京《きょう》にまでとどろきわたった。ほかの諸国《しょこく》への影響《えいきょう》も大《おお》きかった。

今川義元《いまがわよしもと》は、いってみれば、戦国《せんごく》の領土図《りょうどず》という川《かわ》の流《なが》れの中《なか》にどっかりと埋《う》まっていた巨大《きょだい》な岩石《がんせき》のようなものだ。それが急《きゅう》に取《と》りのぞかれたのだから、とくに三国同盟《さんごくどうめい》を結《むす》んでいた武田《たけだ》家《け》や北条家《ほうじょうけ》にとっては、大事件《だいじけん》だった。ポッカリあいた大穴《おおあな》に新《あたら》しく水《みず》が流《なが》れこむように、やがて武田信玄《たけだしんげん》は今川家《いまがわけ》の領土《りょうど》へ侵攻《しんこう》をはじめるようになる。

信長《のぶなが》は、義元《よしもと》が腰《こし》に差《さ》していた名刀《めいとう》・左文字《さもんじ》を自分《じぶん》のものにした。刀身《とうしん》を短《みじか》くし、茎《なかご》（柄《え》の中《なか》に収《おさ》まっている金属《きんぞく》の部分《ぶぶん》）に、これを義元《よしもと》が所持《しょじ》していたことと、義元《よしもと》を討《う》ちとった日付《ひづけ》、そして自分《じぶん》の名《な》を刻《きざ》んで手《て》もとに置《お》いた。

「つぎの目標《もくひょう》は、美濃《みの》だ」

過去《かこ》の成功《せいこう》にいつまでも酔《よ》っている暇《ひま》はなかった。

美濃《みの》を征服《せいふく》するのは、道三《どうさん》が討《う》たれてからの悲願《ひがん》だが、いまだに成《な》しとげられていない。

が、ここに強力《きょうりょく》な味方《みかた》があらわれた。


それは奇妙《きみょう》な男《おとこ》だった。

一見《いっけん》、とても強《つよ》そうには見《み》えない。子《こ》どものように小柄《こがら》で、サルのような変《へん》な顔《かお》をしていて、百姓《ひゃくしょう》の出身《しゅっしん》だという。

「木下藤吉郎《きのしたとうきちろう》といいます」

と、よくひびく声《こえ》で名《な》のった。

ところが、このサルのような小男《こおとこ》が、ぬきん出《で》て有能《ゆうのう》なのだ。

はじめは信長《のぶなが》のぞうり取《と》りをさせていたのだが、薪《たきぎ》の勘定《かんじょう》をまかせてみれば、使《つか》われかたを調《しら》べて徹底的《てっていてき》に無駄《むだ》をなくし、安《やす》く売《う》ってくれるところから買《か》って、前《まえ》の年《とし》の三分《ぶん》の一ですませた。

織田家《おだけ》は、まだ鉄砲《てっぽう》を買《か》ったり兵《へい》を養《やしな》ったりするのに資金不足《しきんぶそく》なので、これは助《たす》かった。

壊《こわ》れた城《しろ》の塀《へい》を補修《ほしゅう》すると名《な》のりでたこともある。そして工事《こうじ》の人足《にんそく》を班《はん》に分《わ》け、早《はや》くできた組《くみ》に褒美《ほうび》を出《だ》して競《きそ》わせるというやり方《かた》で、手早《てばや》く完成《かんせい》させた。

まるで魔法使《まほうつか》いのような男《おとこ》だった。

とうてい無理《むり》だと思《おも》えることでも、この男《おとこ》にまかせると、ほんとうにやってのけるのだ。

信長《のぶなが》は「使《つか》えるもの」が好《す》きだった。

茶器《ちゃき》や刀剣《とうけん》といった道具《どうぐ》もそうだが、鷹狩《たかが》りに使《つか》う鷹《たか》や、みずから乗《の》って走《はし》らせる馬《うま》も、とくにすぐれたものを選《えら》びぬき、徹底的《てっていてき》に使《つか》いぬいた。

家臣《かしん》たち、とくにこのサルもよく使《つか》った。

「もっと大《おお》きな役目《やくめ》をくれてやる。サルよ、おまえにこれから足軽大将《あしがるたいしょう》をまかせる」

信長《のぶなが》は、歩兵《ほへい》である足軽《あしがる》をひきいるリーダーに、藤吉郎《とうきちろう》をとり立《た》ててやった。

「足軽大将《あしがるたいしょう》でありますか。ははーっ」

サルは地面《じめん》にはいつくばり、大《おお》げさすぎるほどのリアクションでありがたがった。

のちに豊臣秀吉《とよとみひでよし》を名《な》のり、太閤《たいこう》の地位《ちい》にまでのぼりつめるこの男《おとこ》は、信長《のぶなが》の天下取《てんかと》りに、はかりしれぬ手助《てだす》けをすることになる。

もうひとり、信長《のぶなが》は心強《こころづよ》い男《おとこ》を得《え》た。

六歳《さい》のころから人質《ひとじち》として織田家《おだけ》にいた松平元康《まつだいらもとやす》だ。八歳年上《さいとしうえ》の信長《のぶなが》は、子《こ》どものころに元康《もとやす》をつれて、いっしょに遊《あそ》んでやったこともあり、知《し》らない仲《なか》ではない。

元康《もとやす》はそれから今川義元《いまがわよしもと》の人質《ひとじち》として駿府《すんぷ》に行《い》き、桶狭間《おけはざま》の戦《たたか》いの直前《ちょくぜん》には、今川軍《いまがわぐん》の先鋒《せんぽう》(戦闘《せんとう》のときに部隊《ぶたい》の先頭《せんとう》を行《い》く者《もの》)をつとめて、織田方《おだがた》の丸根砦《まるねとりで》を落《お》とすという武功《ぶこう》を立《た》てていた。

元康《もとやす》は、めっぽういくさが上手《じょうず》だった。

(おれより上手《うま》いんじゃないか)

と、信長《のぶなが》は内心《ないしん》で思《おも》っている。

それに、元康《もとやす》がひきいる三河《みかわ》の兵《へい》たちの結束《けっそく》がかたく、とても強《つよ》い。信長《のぶなが》としては、ぜひとも味方《みかた》に加《くわ》えたい人物《じんぶつ》だった。

桶狭間《おけはざま》の戦《たたか》いで義元《よしもと》が亡《な》くなると、元康《もとやす》は今川家《いまがわけ》から独立《どくりつ》した。今川《いまがわ》の力《ちから》が衰《おとろ》えていたことに加《くわ》え、義元《よしもと》のあとをついだ今川氏真《いまがわうじざね》が優柔不断《ゆうじゅうふだん》なので、見切《みき》りをつけたのだ。

そして永禄《えいろく》五年《ねん》（一五六二年）、元康《もとやす》は織田家《おだけ》と同盟《どうめい》を結《むす》んだ。その翌年《よくとし》には、義元《よしもと》からもらった「元《もと》」の一字《じ》を返上《へんじょう》して、「家康《いえやす》」へと名前《なまえ》を変《か》えている。

以来《いらい》、家康《いえやす》は、れっきとした大名《だいみょう》であり、織田家《おだけ》とは同盟《どうめい》の関係《かんけい》でありながら、まるで有力《ゆうりょく》な家臣《かしん》のように、最後《さいご》まで裏切《うらぎ》ることなく信長《のぶなが》をささえつづけるのだ。

その翌年《よくとし》、信長《のぶなが》は清洲城《きよすじょう》の北《きた》に、新《あたら》しく小牧山城《こまきやまじょう》を築《きず》いた。美濃《みの》を攻《せ》めるための砦《とりで》のような役《やく》割《わり》の城《しろ》だった。さらに、その二年後《ねんご》には尾張《おわり》を完全《かんぜん》に統一《とういつ》した。

上洛《じょうらく》

隣国《りんごく》の美濃《みの》では、道三《どうさん》をたおして領主《りょうしゅ》となっていた斎藤義龍《さいとうよしたつ》が病気《びょうき》で亡《な》くなり、そのあとを嫡男《ちゃくなん》の斎藤龍興《さいとうたつおき》がついでいる。

龍興《たつおき》は政治《せいじ》をかえりみず、まわりに女《おんな》を集《あつ》め、酒《さけ》ばかり飲《の》んでいるだらしない領主《りょうしゅ》だったが、家臣《かしん》の中《なか》に非凡《ひぼん》な男《おとこ》がいた。

竹中半兵衛《たけなかはんべえ》という。色白《いろじろ》で無口《むくち》。戦術家《せんじゅつか》というよりむしろ学者《がくしゃ》のような若者《わかもの》で、斎藤家《さいとうけ》の中《なか》では少《すこ》し浮《う》いた存在《そんざい》だった。

龍興《たつおき》が、変《か》わり者《もの》の半兵衛《はんべえ》をバカにしていたところ、永禄七年《えいろくねん》（一五六四年《ねん》）、半兵衛《はんべえ》はわずか十六人《にん》をひきいて斎藤家《さいとうけ》の稲葉山城《いなばやまじょう》を乗《の》っとってしまったのだ。

信長《のぶなが》は、なんとしても、この竹中半兵衛《たけなかはんべえ》が欲《ほ》しくなった。

半兵衛《はんべえ》はしかし、織田方《おだがた》にはつかず、なんと龍興《たつおき》に稲葉山城《いなばやまじょう》を返《かえ》してしまった。もともと自分《じぶん》のものにするためではなく、龍興《たつおき》の行動《こうどう》をいさめるために城《しろ》を取《と》ったのだ。

信長《のぶなが》は、いまだに美濃《みの》を取《と》れない。

美濃《みの》を攻略《こうりゃく》するには、木曽川《きそがわ》、長良川《ながらがわ》、揖斐川《いびがわ》の三《みっ》つの川《かわ》が合流《ごうりゅう》する墨俣《＊すのまた》に城《しろ》を築《きず》くことが必要《ひつよう》だが、だれがやっても、何度《なんど》こころみても、失敗《しっぱい》に終《お》わった。

たちまち斎藤勢《さいとうぜい》が攻《せ》めよせて、蹴《け》ちらされてしまうのだ。

これをやってのけたのが、またしても「不可能《ふかのう》を可能《かのう》にする男《おとこ》」藤吉郎《とうきちろう》だった。

藤吉郎《とうきちろう》は、川並衆《かわなみしゅう》という地元《じもと》の豪族《ごうぞく》を仲間《なかま》につけていた。蜂須賀小六《はちすかころく》を首領《しゅりょう》とする彼《かれ》らは、川《かわ》のどこが深《ふか》いか、流《なが》れが速《はや》いか、といった地形《ちけい》を知《し》りつくしている。

藤吉郎《とうきちろう》の作戦《さくせん》は、墨俣《すのまた》で一から城《しろ》を築《きず》こうとするのではなく、上流《じょうりゅう》で組《く》み立《た》てた各部分《かくぶぶん》を、川並衆《なみしゅう》の力《ちから》をかりて、筏《いかだ》にのせて墨俣《すのまた》まで流《なが》すというものだった。

プラモデルでいえば、あらかじめいくつかのパーツを組《く》み立《た》ててから、それらを別《べっ》の場所《ばしょ》に運《はこ》んで、一気《いっき》に完成《かんせい》させるようなものだ。これによって現地《げんち》での時間《じかん》は大《おお》きく短縮《たんしゅく》でき、城《しろ》を築《きず》くことに成功《せいこう》した。

また藤吉郎《とうきちろう》は、竹中半兵衛《たけなかはんべえ》のもとを何度《なんど》もたずね、味方《みかた》になってくれるよう必死《ひっし》に頼《たの》んだ。最初《さいしょ》は断《ことわ》っていた半兵衛《はんべえ》も、藤吉郎《とうきちろう》のあまりの熱心《ねっしん》さに心《こころ》を打《う》たれて、ついに織田方《おだがた》についてくれることになった。

＊墨俣《すのまた》……美濃国《みののくに》の地名《ちめい》。

つぎに藤吉郎《とうきちろう》は、美濃《みの》三人衆《にんしゅう》と呼《よ》ばれる安藤守就《あんどうもりなり》、氏家卜全《うじいえぼくぜん》、稲葉一鉄《いなばいってつ》に声《こえ》をかけた。半兵衛《はんべえ》が織田方《おだがた》についたのを知《し》ると、もともと龍興《たつおき》が主君《しゅくん》として尊敬《そんけい》できないと感《かん》じていた三人衆《にんしゅう》も、ついに織田方《おだがた》についた。斎藤家《さいとうけ》の中心的《ちゅうしんてき》な家臣《かしん》である三人《にん》が離《はな》れたのだ。

こうなると美濃《みの》は弱《よわ》く、稲葉山城《いなばやまじょう》はあっけなく攻略《こうりゃく》されて、龍興《たつおき》は逃《に》げおちていった。

永禄《えいろく》十年《ねん》（一五六七年《ねん》）、信長《のぶなが》は、ついに美濃《みの》を征服《せいふく》した。

ここまで十年《ねん》かかったことになる。信長《のぶなが》は三十四歳《さい》になっていた。

墨俣《すのまた》に城《しろ》を築《きず》き、竹中半兵衛《たけなかはんべえ》と美濃《みの》三人衆《にんしゅう》が織田方《おだがた》についたのも、藤吉郎《とうきちろう》の手柄《てがら》である。藤吉郎《とうきちろう》という家来《けらい》がいなければ、もっと年月《ねんげつ》がかかったかもしれない。

信長《のぶなが》は、稲葉山城《いなばやまじょう》に入《はい》り、ここを岐阜城《ぎふじょう》とあらためた。

尾張《おわり》に加《くわ》え美濃《みの》を手《て》に入《い》れた信長《のぶなが》は、一気《いっき》に百万石《ひゃくまんごく》をこえる大名《だいみょう》になった。当然《とうぜん》ながら、使《つか》える軍資金《ぐんしきん》もはねあがる。

岐阜《ぎふ》の城下《じょうか》を楽市楽座《らくいちらくざ》にし、同業者《どうぎょうしゃ》たちが独占《どくせん》していた商売《しょうばい》を、だれでも自由《じゆう》にできるようにした。これによって岐阜《ぎふ》の街《まち》は豊《ゆた》かになり、しかも治安《ちあん》がよく安全《あんぜん》で、大《おお》いに栄《さか》えた。

このころから信長《のぶなが》は、「天下布武《てんかふぶ》（武《ぶ》によって天下《てんか》をおさめる）」という印《いん》を使《つか》うようになった。

当時《とうじ》、「天下《てんか》」というのは、京《きょう》を中心《ちゅうしん》とする畿内《きない》のことだった。地方《ちほう》の勢力《せいりょく》をしたがえるためには、まず畿内《きない》を完全《かんぜん》に制圧《せいあつ》する必要《ひつよう》があるのだ。

天下《てんか》を射程《しゃてい》にとらえた信長《のぶなが》は、いろいろな工作《こうさく》に手《て》をまわした。

もっともおそるべき相手《あいて》は、甲斐《かい》の武田信玄《たけだしんげん》だ。

信長《のぶなが》は、ことあるごとに最高級《さいこうきゅう》の進物《しんもつ》を贈《おく》った。

「なかなかいい塗《ぬ》りものだな。けずってみろ」

ある日《ひ》、信玄《しんげん》は、贈《おく》りものの小袖《こそで》が入《い》れられた箱《はこ》を、家臣《かしん》に小刀《こがたな》でけずらせた。信長《のぶなが》の心《こころ》づかいがどれほどのものか、確《たし》かめようとしたのだ。表面《ひょうめん》に浅《あさ》くぬられたうるしは、すぐにはげ落《お》ちる。が、幾層《いくそう》にもうるしがぬりこめられた箱《はこ》は、いくらけずっても、木肌《きはだ》があらわれなかった。

「箱《はこ》まで最高《さいこう》の品《しな》を使《つか》うとは。信長《のぶなが》の誠意《せいい》は、本物《ほんもの》だな」

さすがの信玄《しんげん》も、こうなると認《みと》めざるを得《え》ない。

この点《てん》、信長《のぶなが》にぬかりはなく、相手《あいて》の出方《でかた》をことごとく読《よ》んでいたのだ。

信長《のぶなが》は、姪《めい》を養女《ようじょ》として信玄《しんげん》の息子《むすこ》の勝頼《かつより》に嫁《とつ》がせるようにもちかけ、自分《じぶん》の息子《むすこ》の信忠《のぶただ》には信玄《しんげん》の娘《むすめ》の松姫《まつひめ》を嫁《よめ》にもらう約束《やくそく》をし、深《ふか》い親戚関係《しんせきかんけい》をつくろうとした。

徳川家康《とくがわいえやす》の息子《むすこ》の信康《のぶやす》にも、娘《むすめ》の徳姫《とくひめ》を嫁《とつ》がせることで、同盟関係《どうめいかんけい》をより強《つよ》くした。

そして、北近江《きたおうみ》*1の浅井長政《あざいながまさ》には、美女《びじょ》として有名《ゆうめい》な妹《いもうと》の市《いち》を嫁《とつ》がせた。

長政《ながまさ》は、このときまだ二十四歳《さい》だったが、勇敢《ゆうかん》な戦《たたか》いぶりで名《な》は知《し》られている。だからこそ、信長《のぶなが》は大切《たいせつ》な市《いち》を嫁《よめ》にやった。

上洛《じょうらく》の際《さい》、進路《しんろ》にある近江《おうみ》の安全《あんぜん》を確保《かくほ》しておくためだ。


上洛《じょうらく》にはもうひとつ、「理由《りゆう》」が必要《ひつよう》だった。

自分《じぶん》が天下《てんか》を取《と》るという欲《よく》をあらわせば、諸国《しょこく》の大名《だいみょう》から反感《はんかん》を買《か》う。

そこで足利将軍家《あしかがしょうぐんけ》の血筋《ちすじ》の人《ひと》を立《た》て、自分《じぶん》は補佐《ほさ》するという名目《めいもく》で京《きょう》へ向《む》かうことにした。

そのために必要《ひつよう》な道具《どうぐ》は、向《む》こうから来《き》た。

足利義昭《あしかがよしあき》。十三代将軍《だいしょうぐん》だった兄《あに》の義輝《よしてる》が松永《まつなが》久秀《ひさひで》らに殺《ころ》され、命《いのち》の危険《きけん》を感《かん》じた義昭《よしあき》は、朝倉義景《あさくらよしかげ》を頼《たよ》って越前《えちぜん》*2へ逃《に》げのびていた。

義昭《よしあき》は、権力欲《けんりょくよく》が強《つよ》かった。

「足利《あしかが》の血《ち》を引《ひ》く、このわたしこそが、つぎの将軍《しょうぐん》に

*1 近江《おうみ》……現在《げんざい》の滋賀県《しがけん》。 *2 越前《えちぜん》……現在《げんざい》の福井県《ふくいけん》の一部《いちぶ》。

なるべきだ」と思《おも》っていたが、自分《じぶん》にはその力《ちから》がなく、だれか武力《ぶりょく》の強《つよ》い大名《だいみょう》に助《たす》けてもらおうと考《かんが》えていた。

朝倉義景《あさくらよしかげ》は、大大名《だいだいみょう》だけに、世《よ》の中《なか》を変《か》えようという意欲《いよく》にはとぼしかった。古《ふる》い権力《けんりょく》に敬意《けいい》を払《はら》って、助《たす》けをもとめてきた義昭《よしあき》を保護《ほご》したが、それ以上《いじょう》のことはしてくれそうにない。

「尾張《おわり》の織田信長《おだのぶなが》を頼《たよ》ってみてはいかがでしょうか」

と、助言《じょげん》したのは、朝倉家《あさくらけ》にいた明智光秀《あけちみつひで》という人物《じんぶつ》だった。

光秀《みつひで》は、もとは美濃《みの》の出身《しゅっしん》で、かつては斎藤道三《さいとうどうさん》に仕《つか》えていた。名門《めいもん》、土岐家《ときけ》の血筋《ちすじ》をついでいるだけあって、いかにも育《そだ》ちがよさそうで、公家文化《くげぶんか》の教養《きょうよう》もある。

道三《どうさん》が亡《な》くなってから美濃《みの》をのがれ、朝倉義景《あさくらよしかげ》に仕《つか》えていたが、光秀《みつひで》にはもっと広《ひろ》い世《よ》の中《なか》で活躍《かつやく》したいという欲《よく》があった。それだけに古《ふる》い家風《かふう》の朝倉家《あさくらけ》では才気《さいき》を持《も》てあましているところだった。

「織田《おだ》を？」

と義昭《よしあき》は聞《き》いた。

「田舎大名《いなかだいみょう》ではありますが、当主《とうしゅ》の信長公《のぶながこう》は、ただ者《もの》ではないとお見受《みう》けいたします。常識《じょうしき》をこえた望《のぞ》みなら、織田《おだ》を頼《たよ》るのがうってつけかと」

こうして明智《あけち》光秀《みつひで》は、信長《のぶなが》の前《まえ》にあらわれた。

聡明《そうめい》さが顔《かお》にあらわれた、見《み》るからに頭《あたま》のよさそうな人物《じんぶつ》だった。

越前《えちぜん》の朝倉義景《あさくらよしかげ》のもとにいるあいだ、逃《に》げのびてきた義昭《よしあき》の家臣《かしん》になったという。

（この男《おとこ》の才能《さいのう》、欲《ほ》しい）

と信長《のぶなが》は思《おも》った。

「明智《あけち》どの。織田《おだ》の家臣《かしん》にならないか」

公家《くげ》の作法《さほう》にもくわしい教養人《きょうようじん》は、残《ざん》念《ねん》なことに織田家中《おだかちゅう》にはいない。朝廷《ちょうてい》との連絡《れんらく》など、京《きょう》での任務《にんむ》をまかせるには、光秀《みつひで》のような男《おとこ》が適任《てきにん》だ。

光秀《みつひで》は、しばらく義昭《よしあき》と信長《のぶなが》のふたりに仕《つか》えるという形《かたち》になった。

足利義昭《あしかがよしあき》は、丸《まる》っこくふくれた肥満体《ひまんたい》に、まん丸《まる》の目《め》をした単純《たんじゅん》な男《おとこ》だった。

将軍《しょうぐん》にしてさしあげましょう、と言《い》うと、無邪気《むじゃき》によろこんだ。

永禄《えいろく》十一年《ねん》（一五六八年《ねん》）。信長《のぶなが》は六万《まん》をひきいているとは思《おも》えない速《はや》さで京《きょう》に入《はい》った。

ワインと地球儀《ちきゅうぎ》

上洛《じょうらく》をはたした信長《のぶなが》は、その後《ご》も電光《でんこう》のスピードで仕事《しごと》を処理《しょり》していった。京《きょう》に入《はい》ったのが九月《がつ》二十六日《にち》だが、同《おな》じ九月《がつ》の末《すえ》までに、＊1摂津《せっつ》や＊2河内《かわち》のほとんどの城《しろ》を、自分《じぶん》のもとに降伏《こうふく》させていった。

それまでの畿内《きない》は、市街戦《しがいせん》のいくさ場《ば》と化《か》していた。大《おお》きな勢力《せいりょく》を持《も》つ三好長慶《みよしながよし》が亡《な》くなってから、その家臣《かしん》だった松永久秀《まつながひさひで》と三好《みよし》三人衆《にんしゅう》（三好長《みよしなが》逸《やす》、三好政康《みよしまさやす》、岩成友通《いわなりともみち》）が、京《きょう》の支配《しはい》をかけて争《あらそ》っている状態《じょうたい》だったのだが、信長《のぶなが》の上洛《じょうらく》によって、三好氏《みよしし》はすぐに逃《に》げ去《さ》った。松永久秀《まつながひさひで》も意外《いがい》に抵抗《ていこう》せず、茶《ちゃ》の名器《めいき》といわれる九十九茄《つくもな》子《す》を献上《けんじょう》して、臣下《しんか》になることをちかった。

信長《のぶなが》のおかげで、十月《がつ》十八日《にち》には朝廷《ちょうてい》から任命《にんめい》され、念願《ねんがん》の足利《あしかが》十五代将軍《だいしょうぐん》になることができた義昭《よしあき》は、子《こ》どものようによろこんでいたが、まだ危険《きけん》が去《さ》ったわけではなかった。

信長《のぶなが》が岐阜《ぎふ》にもどって正月《しょうがつ》をすごしていると、義昭《よしあき》のいる本圀寺《ほんこくじ》を、三好氏《みよしし》のひきいる一万《まん》の

＊1 摂津《せっつ》……現在《げんざい》の大阪府《おおさかふ》と兵庫県《ひょうごけん》の一部《いちぶ》。＊2 河内《かわち》……現在《げんざい》の大阪府《おおさかふ》の東部《とうぶ》。

軍《ぐん》が取《と》り囲《かこ》んだという知《し》らせが届《とど》いた。

（こりないやつらめ）

信長《のぶなが》は、すぐに京《きょう》へ舞《ま》いもどった。一月《がつ》の街道《かいどう》は凍《い》てついていて、路面《ろめん》の整備《せいび》が必要《ひつよう》だったが、ふつうでも三日《みっか》かかるところを二日《ふつか》で駆《か》けつけて、三好《みよし》の軍勢《ぐんぜい》を追《お》いはらった。

（将軍《しょうぐん》を、いつまでも本圀寺《ほんこくじ》に仮住《かりず》まいのように泊《と》まらせておくわけにはいかんな）

信長《のぶなが》は義昭《よしあき》のために、立派《りっぱ》な居城《きょじょう》を新《あたら》しくつくりあげてやった。二条城《にじょうじょう》である。

義昭《よしあき》は大《おお》よろこびし、三《みっ》つしか年上《としうえ》でない信長《のぶなが》を、父《ちち》と呼《よ》んで慕《した》った。

「父上《ちちうえ》どの。副将軍《ふくしょうぐん》になられてはいかがか」

丸《まる》っこい顔《かお》をニコニコさせて、信長《のぶなが》に管領《かんれい》（将軍《しょうぐん》の補佐《ほさ》）や副将軍《ふくしょうぐん》の座《ざ》まですすめてきた。

「滅相《めっそう》もございませぬ。そのような役職《やくしょく》など」

信長《のぶなが》は丁重《ていちょう》に断《ことわ》った。

（おまえの下《した》になどつけるか）

という思《おも》いがある。

もともと他人《たにん》の定《さだ》めた権威《けんい》に、なんの価値《かち》も認《みと》めていなかった。

ましてや、このまぬけな「征夷大将軍《せいいたいしょうぐん》」の下《した》の立場《たちば》など、まっぴらだ。

それに、近《ちか》い将来《しょうらい》、義昭《よしあき》との関係《かんけい》が決裂《けつれつ》するのは目《め》に見《み》えている。そうなったとき、副将軍《ふくしょうぐん》の立場《たちば》だと、将軍《しょうぐん》に対《たい》する反逆者《はんぎゃくしゃ》になってしまう。信長《のぶなが》は、そこまで考《かんが》えていた。

「欲《よく》がないのう。では、欲《ほ》しいものはないのか」

「それでは、*1堺《さかい》、*2大津《おおつ》、*3草津《くさつ》に代官《だいかん》を置《お》くことを、お許《ゆる》しください」

この三《みっ》つの町《まち》は、実《じつ》は商業《しょうぎょう》の要地《ようち》なので、ここを押《お》さえれば、信長《のぶなが》が手《て》にする利益《りえき》は莫大《ばくだい》なものになる。信長《のぶなが》のもとめるものは、なんの役《やく》にも立《た》たない官位《かんい》などではなく、利益《りえき》だった。

「いいとも」

ほんと欲《よく》がないのう、と言《い》って義昭《よしあき》はケラケラと笑《わら》った。

堺《さかい》といえば……。信長《のぶなが》は上洛後《じょうらくご》、逃《に》げこんだ三好氏《みよしし》をかくまった堺《さかい》の会合衆《えごうしゅう》（都市《とし》の自治《じち》の代表者《だいひょうしゃ》）に、銭《ぜに》二万貫《まんかん》を出《だ》すように要求《ようきゅう》している。二万貫《まんかん》というと、現代《げんだい》ではおおよそ二十億円《おくえん》に相当《そうとう》する額《がく》だ。

（おれは欲《よく》がない、か）

義昭《よしあき》の言葉《ことば》を、内心《ないしん》であざ笑《わら》った。

信長《のぶなが》は京《きょう》において、自分《じぶん》の住《す》む城《しろ》を建《た》てなかった。

*1　堺《さかい》……大坂《おおさか》の都市《とし》。海《うみ》に面《めん》し、貿易港《ぼうえきこう》として発展《はってん》した。

いつもどこかの寺《てら》などに宿泊《しゅくはく》し、帰《かえ》るところといえば岐阜城《ぎふじょう》と決《き》めていた。

ある日《ひ》、岐阜城《ぎふじょう》の信長《のぶなが》の居室《きょしつ》に呼《よ》ばれた木下藤吉郎《きのしたとうきちろう》は、異国風《いこくふう》のテーブルにつき、椅子《いす》に腰《こし》かけた主君《しゅくん》の前《まえ》に、おずおずと歩《あゆ》みでた。気《き》になったのは、信長《のぶなが》が飲《の》んでいるものだ。

ガラスの杯《さかずき》につがれているのは、暗《くら》い赤色《あかいろ》の液体《えきたい》で、いかにもあやしい。

「それは……なんでございますか」

まさか、血《ち》？　この主君《しゅくん》なら、やりかねない。

「ワインといって、ぶどうからつくった酒《さけ》だ」

「酒《さけ》でしたか」

ホッとする藤吉郎《とうきちろう》に、信長《のぶなが》はグラスをわたし、ワインをついでやった。

「これはコンペイトウという。南蛮《なんばん》の砂糖菓子《さとうがし》だ」

ガラスの容器《ようき》に入《はい》ったコンペイトウも、藤吉郎《とうきちろう》の手《て》のひらに分《わ》けてやった。

「南蛮《なんばん》の酒《さけ》に合《あ》う。食《く》ってみろ」

この当時《とうじ》のコンペイトウは、現在《げんざい》のもののような星形《ほしがた》ではない。白《しろ》くて丸《まる》っこい砂糖菓子《さとうがし》を、藤吉郎《とうきちろう》は何粒《なんつぶ》か、思《おも》いきったように目《め》をとじて口《くち》の中《なか》に放《ほう》りこんだ。

「べつに毒《どく》ではないわ」

信長《のぶなが》は笑《わら》った。藤吉郎《とうきちろう》はリアクションが大《おお》げさなので、めずらしいものを見《み》せてやる甲斐《かい》がある。

「はっ。なんとも、甘《あま》いですな」

「菓子《かし》だからな」

口《くち》の中《なか》でボリボリとコンペイトウを噛《か》みくだいている藤吉郎《とうきちろう》は、なおさらサルのようだった。

このところ、キリスト教《きょう》の教《おし》えを広《ひろ》めにやってきた宣教師《せんきょうし》たちが城《しろ》に出入《でい》りしているのは、藤《とう》吉郎《きちろう》も知《し》っている。彼《かれ》らはよく信長《のぶなが》に異国《いこく》の道具《どうぐ》を贈《おく》っているらしい。

好奇心《こうきしん》の人一倍《ひといちばい》強《つよ》い信長《のぶなが》は、宣教師《せんきょうし》の話《はなし》を好《この》み、それがときに何時間《なんじかん》にもわたることもあった。

といっても、キリスト教《きょう》を信《しん》じたのではない。宣教師《せんきょうし》をとおして聞《き》く異国《いこく》の文化《ぶんか》に興味《きょうみ》があったのだ。また、遠《とお》い国《くに》からはるばる海《うみ》をわたってきた彼《かれ》らの勇気《ゆうき》にも感心《かんしん》していた。

酒《さけ》を飲《の》み、女《おんな》とたわむれる当時《とうじ》の僧侶《そうりょ》たちを嫌《きら》っていた信長《のぶなが》は、仏教《ぶっきょう》の勢力《せいりょく》を牽制《けんせい》するためにも、宣教師《せんきょうし》たちにキリスト教《きょう》の布教《ふきょう》を許《ゆる》した。

「その丸《まる》いものはなんですか」

「これか。地球儀《ちきゅうぎ》といってな、また南蛮坊主《なんばんぼうず》が置《お》いていったのよ」

信長《のぶなが》は、ポルトガル人《じん》の宣教師《せんきょうし》ルイス・フロイスに地球儀《ちきゅうぎ》を見《み》せられて、「地球《ちきゅう》が丸《まる》い」ということを、すんなり理解《りかい》していた。

「すべての人間《にんげん》は、この丸《まる》いものの中《なか》に住《す》んでいるのだとか」

「ここに……ですか」

藤吉郎《とうきちろう》は首《くび》をかしげた。

当時《とうじ》の日本人《にほんじん》にとって、「国《くに》」といえば、尾《お》張《わり》や三河《みかわ》や駿河《するが》など、現在《げんざい》でいうと都道府県《とどうふけん》ぐらいの大《おお》きさなのだから、地球《ちきゅう》というものの存《そん》在自体《ざいじたい》が想像《そうぞう》できる範囲《はんい》をこえている。

それなのに、世界《せかい》の中《なか》での日本《にほん》の位置《いち》や、それ以外《いがい》にある国々《くにぐに》、そして地球《ちきゅう》という惑星《わくせい》のスケールまで、信長《のぶなが》はたちどころに理解《りかい》したのだ。宣教師《せんきょうし》たちも信長《のぶなが》の知能《ちのう》の高《たか》さにおどろいていた。

「フロイスたちは、この小《ちい》さな国《くに》から海《うみ》をわたってきた。尾張《おわり》は、この島《しま》の、このあたりらしい」

信長《のぶなが》は、地球儀《ちきゅうぎ》を指《ゆび》さしながら説明《せつめい》した。

「は、はあ……」

小《ちい》さなところですな、と思《おも》わず言《い》いそうになって、藤吉郎《とうきちろう》は言葉《ことば》をのんだ。

「わかるか。取《と》れる領土《りょうど》は、海《うみ》の向《む》こうにも、まだいくらでもあるってことだ」


さて、ルイス・フロイスだが、義昭《よしあき》のために二条城《にじょうじょう》が造営《ぞうえい》されているとき、こんな場面《ばめん》を目撃《もくげき》している。

信長《のぶなが》はみずから陣頭《じんとう》に立《た》って、工事《こうじ》の指揮《しき》をしていた。

その現場《げんば》の近《ちか》くを、ひとりの女性《じょせい》が通《とお》りかかった。市女笠《いちめがさ》を深《ふか》くかぶっていて、顔《かお》がよく見《み》えない。美《うつく》しそうな女性《じょせい》で、兵士《へいし》のひとりが興味《きょうみ》を持《も》ったらしく、近《ちか》づき、

「顔《かお》を見《み》せろよ」

と、笠《かさ》をめくりあげようとした。

そのとたん、信長《のぶなが》はだれに命《めい》じるでもなく、兵士《へいし》に駆《か》けよった。

銀色《ぎんいろ》の光《ひかり》がはしった瞬間《しゅんかん》、男《おとこ》の頭《あたま》が飛《と》んだ。

首《くび》の切断面《せつだんめん》から血《ち》しぶきがあがった。

刀《かたな》のぬき打《う》ちで、兵《へい》の首《くび》をはね飛《と》ばしたのである。

信長《のぶなが》は、そのあいだ、一言《ひとこと》もない。「なにをしている」とか、「やめなさい」などと注意《ちゅうい》することもなく、たちどころに処刑《しょけい》したのだ。

信長《のぶなが》はそれからもとの場所《ばしょ》にもどって、そんな「小《ちい》さなこと」など、なにもなかったかのように、また工事《こうじ》の指揮《しき》をとりはじめた。

二条城《にじょうじょう》の建設《けんせつ》には、人足《にんそく》だけでなく織田《おだ》の家臣《かしん》まではたらき、ふつうなら一年《ねん》ほどかかる工事《こうじ》が、わずか七十日《にち》で完成《かんせい》している。

京《きょう》の街《まち》は、古来《こらい》から、つねに争乱《そうらん》にまきこまれ、戦火《せんか》をあびてきた。

今度《こんど》もまたそうだ、うわさに高《たか》い乱暴者《らんぼうもの》の織田信長《おだのぶなが》がやってくる、と市民《しみん》が身《み》がまえていたところ、織田軍《おだぐん》はどこよりも軍規《ぐんき》がきびしく、兵士《へいし》の乱暴《らんぼう》を許《ゆる》さなかった。

一銭《せん》を盗《ぬす》んだだけで――女性《じょせい》に嫌《いや》がらせをしただけで、首《くび》が飛《と》ぶのだ。

おかげで強盗《ごうとう》もなくなり、むしろそれまでより京《きょう》の治安《ちあん》はよくなった。

浅井長政《あざいながまさ》の裏切《うらぎ》り〜比叡山《ひえいざん》焼《や》き打《う》ち

元亀元年《げんきがんねん》（一五七〇年《ねん》）は、三十七歳《さい》になった信長《のぶなが》にとって、さんざんな年《とし》だった。

予想《よそう》していたことだが、足利義昭《あしかがよしあき》が不満《ふまん》をもらしはじめた。

「これでは、信長《のぶなが》の支配下《しはいか》じゃないか」

自分《じぶん》は名前《なまえ》だけの将軍《しょうぐん》で、ただの「おかざり」にすぎないという事実《じじつ》に、ようやく気《き》づいたのである。

「わたしは政治《せいじ》がしたいのに」

信長《のぶなが》の許可《きょか》がなければ、なにもできない。

かといって、圧倒的《あっとうてき》な軍事力《ぐんじりょく》をほこる信長《のぶなが》にさからうこともできなかった。不満《ふまん》のたまった義《よし》昭《あき》は、各地《かくち》の大名《だいみょう》たちに、つぎつぎと手紙《てがみ》を送《おく》りつけて「反信長《はんのぶなが》」の同盟《どうめい》を結成《けっせい》しようとした。

最初《さいしょ》に朝倉義景《あさくらよしかげ》が反抗《はんこう》の姿勢《しせい》を見《み》せ、信長《のぶなが》はこれを討《う》つために、四月《がつ》、軍《ぐん》を出《だ》した。

ところが、越前《えちぜん》に侵攻《しんこう》したところで、まったく予想外《よそうがい》の出来事《できごと》が起《お》こった。

「なに、これを市《いち》から？」
近江《おうみ》の浅井長政《あざいながまさ》に嫁《とつ》いでいる妹《いもうと》の市《いち》から、奇妙《きみょう》な陣中見舞《じんちゅうみま》いが送《おく》られてきたのだ。
それは、ひとつの小豆袋《あずきぶくろ》だった。中《なか》に小豆《あずき》を詰《つ》めた小《ちい》さな袋《ふくろ》で、それだけ見《み》ると娘《むすめ》たちが遊《あそ》ぶお手玉《てだま》のようだが、なぜか両端《りょうはし》が紐《ひも》できつくしばられている。
（なんの謎《なぞ》かけだ）

小豆《あずき》そのものを届《とど》ける理由《りゆう》などない。言葉《ことば》では伝《つた》えられない秘密《ひみつ》のメッセージが、この袋《ふくろ》に秘《ひ》められているにちがいない。
両端《りょうはし》がしばられた袋《ふくろ》……。袋小路《ふくろこうじ》……。
（まさか）
長政《ながまさ》が裏切《うらぎ》ったのか？　そうだとすると、信長《のぶなが》は浅《あざ》井《い》と朝倉《あさくら》の軍《ぐん》にはさまれていることになる。

最初《さいしょ》は信《しん》じられなかった。浅井長政《あざいながまさ》と市《いち》の仲《なか》はむつまじいと聞《き》いている。なんの問題《もんだい》もないはずだが、しかし裏切《うらぎ》りが事実《じじつ》なら、こんな危険《きけん》なことはなかった。

やがて長政《ながまさ》が朝倉方《あさくらがた》についたという情報《じょうほう》が届《とど》いた。

「なに、浅井《あざい》が裏切《うらぎ》りを！」

評定《ひょうじょう》の場《ば》で知《し》らされて、藤吉郎《とうきちろう》は心《こころ》の中《なか》でうなった。

たいへんなことになった。織田軍《おだぐん》は今《いま》、金ヶ崎城《かながさきじょう》を制圧《せいあつ》するところまできている。

金ヶ崎城《かながさきじょう》は敦賀湾《つるがわん》に飛《と》びだした岬《みさき》にある出城《でじろ》で、朝倉《あさくら》の拠点《きょてん》だった。

これまで破竹《はちく》の勢《いきお》いで勝利《しょうり》をかさねてきたが、ここで一気《いっき》に形勢《けいせい》が逆転《ぎゃくてん》した。

(信長《のぶなが》さまは……)

逃《に》げた。真《ま》っ先《さき》に。わずかな側近《そっきん》だけをつれて。

(正《ただ》しい判断《はんだん》だ)

これは、臆病《おくびょう》とか卑怯《ひきょう》とかいったものではない。たとえるなら、危険《きけん》を察知《さっち》した野生動物《やせいどうぶつ》を思《おも》わせる反応《はんのう》である。

こんな状況《じょうきょう》で、体面《たいめん》を気《き》にして迷《まよ》っていては、ほんとうに死《し》ぬことになる。たちどころに退却《たいきゃく》するという信長《のぶなが》の判断《はんだん》に、藤吉郎《とうきちろう》はむしろ凄味《すごみ》を感《かん》じた。

しんがりは、藤吉郎《とうきちろう》と光秀《みつひで》が名《な》のりでた。しんがりというのは、退却《たいきゃく》する軍《ぐん》の最後尾《さいこうび》だが、それだけに死亡率《しぼうりつ》が高《たか》い。が、生《い》きて帰《かえ》れば、今後《こんご》、信長《のぶなが》から受《う》ける信頼《しんらい》は絶大《ぜつだい》なものとなる。

そして藤吉郎《とうきちろう》も光秀《みつひで》も生《い》きて帰《かえ》った。

途中《とちゅう》、退却《たいきゃく》していた同盟《どうめい》の徳川軍《とくがわぐん》に追《お》いつき、家康《いえやす》もしんがりに加《くわ》わりながらの生還《せいかん》だった。


この報復《ほうふく》は、二か月後《げつご》の六月《がつ》、織田《おだ》・徳川《とくがわ》の連合軍《れんごうぐん》二万《まん》五千《せん》と、浅井《あざい》・朝倉《あさくら》の連合軍《れんごうぐん》一万《まん》三千《ぜん》が、近江《おうみ》の姉川《あねがわ》をはさんで戦《たたか》うことではじまった。

はじめはおされがちだったが、徳川軍《とくがわぐん》の榊原康政《さかきばらやすまさ》のひきいる隊《たい》が朝倉軍《あさくらぐん》の右手側《みぎてがわ》から攻《せ》めると、形勢《けいせい》は逆転《ぎゃくてん》した。浅井《あざい》・朝倉《あさくら》の軍《ぐん》は総《そう》くずれになり、引《ひ》きかえしていった。

勝利《しょうり》ではあったが、こんなことで信長《のぶなが》の気《き》はすまない。

とくに、同盟《どうめい》を結《むす》んでいたはずの浅井長政《あざいながまさ》の裏切《うらぎ》りは許《ゆる》せなかった。

姉川《あねがわ》の戦《たたか》いから一か月《げつ》もしないうちに、信長《のぶなが》の軍《ぐん》は大坂《おおさか》の石山本願寺《いしやまほんがんじ》を取《と》り囲《かこ》んだ。

本願寺《ほんがんじ》の勢力《せいりょく》は、政治《せいじ》への影響力《えいきょうりょく》が強《つよ》すぎた。新《あたら》しい世《よ》の中《なか》を切《き》りひらくためには、宗教《しゅうきょう》と政《せい》治《じ》が結《むす》びついていてはいけない。信長《のぶなが》は、その根《ね》を断《た》つべきだと考《かんが》えた。

それに、なんとしても本願寺《ほんがんじ》のある石山《いしやま》が欲《ほ》しかった。石山《いしやま》は大坂湾《おおさかわん》の木津川口《きづがわぐち》に面《めん》している。

ここを自分《じぶん》のものにすれば、海運《かいうん》による貿易《ぼうえき》の規模《きぼ》が格段《かくだん》に広《ひろ》がり、莫大《ばくだい》な利益《りえき》を生《う》むはずだ。

つまり、堺《さかい》や草津《くさつ》や大津《おおつ》をおさえたのと同《おな》じ、経済的《けいざいてき》な理由《りゆう》も大《おお》きかった。

本願寺《ほんがんじ》は、浄土真宗《じょうどしんしゅう》（一向宗《いっこうしゅう》）の中心地《ちゅうしんち》で、法主《ほっす》の顕如《けんにょ》がいる。

織田軍《おだぐん》に包囲《ほうい》されて、顕如《けんにょ》はふるえあがった。

「信長《のぶなが》に戦《たたか》いを挑《いど》め！」

という命令《めいれい》を、全国《ぜんこく》の信者《しんじゃ》に向《む》けてとばした。

「信長《のぶなが》は、仏教《ぶっきょう》の敵《てき》だ。信長《のぶなが》と戦《たたか》わない者《もの》は、破門《はもん》にする」

この呼《よ》びかけによって、信長《のぶなが》と本願寺《ほんがんじ》の十年《ねん》にもおよぶ戦争《せんそう》がはじまった。

領主《りょうしゅ》に対《たい》する百姓《ひゃくしょう》や信徒《しんと》たちによる反乱《はんらん》を一揆《いっき》という。

本願寺《ほんがんじ》の信徒《しんと》たちによる一揆《いっき》は、信長《のぶなが》の天下統一《てんかとういつ》をじゃまする最大《さいだい》の壁《かべ》だった。

兵《へい》がねばり強《つよ》いのだ。兵《へい》といっても、戦《たたか》いのプロである武士《ぶし》ではなく、ほとんどが百姓《ひゃくしょう》なのだが、数《かず》をいかした人海戦術《じんかいせんじゅつ》には手《て》を焼《や》いた。

「一向宗《いっこうしゅう》のために戦《たたか》って死《し》ねば、夢《ゆめ》のように幸福《こうふく》な極楽《ごくらく》へ行《い》ける」と教《おし》えられているから、彼《かれ》らは死《し》をおそれない。反対《はんたい》に「信長《のぶなが》と戦《たたか》わなければ破門《はもん》にする」と顕如《けんにょ》さまは言《い》う。そうなったら極楽《ごくらく》へ行《い》けない。

どうせ、現実《げんじつ》は苦《くる》しいことばかり。それなら「南無阿弥陀仏《なむあみだぶつ》」をとなえ、顕如《けんにょ》さまのため、一向宗《いっこうしゅう》のため、なによりも自分《じぶん》が極楽《ごくらく》へ行《い》くために、よろこんで死《し》のうじゃないか。

このように考《かんが》える一揆勢《いっきぜい》が、何万《なんまん》もの集団《しゅうだん》になって押《お》しよせてくるのだ。

そのいっぽうで、本願寺《ほんがんじ》と連携《れんけい》している浅井《あざい》・朝倉《あさくら》の軍《ぐん》が、京《きょう》の近《ちか》くまで出《で》てきた。

京《きょう》を取《と》られるわけにいかない。

信長《のぶなが》が大坂《おおさか》の陣《じん》を引《ひ》いて、急《いそ》ぎ京《きょう》にもどると、浅井《あざい》・朝倉《あさくら》の軍勢《ぐんぜい》は逃《に》げだし、*比叡山《ひえいざん》にある天台宗《てんだいしゅう》の総本山《そうほんざん》・延暦寺《えんりゃくじ》に立《た》てこもった。

「これは軍事介入《ぐんじかいにゅう》ではないか」

延暦寺《えんりゃくじ》が、宗教《しゅうきょう》の立場《たちば》で片方《かたほう》の軍《ぐん》の味方《みかた》をしていることに、信長《のぶなが》は腹《はら》を立《た》てた。

「味方《みかた》になれば、織田《おだ》の領地内《りょうちない》にある比叡山《ひえいざん》の土地《とち》を返《かえ》そう。もし、どちらか一方《いっぽう》に味方《みかた》できな

＊比叡山《ひえいざん》……京都府《きょうとふ》と滋賀県《しがけん》にまたがる山《やま》。

いなら、せめて織田軍《おだぐん》の妨害《ぼうがい》はしないでもらいたい」

信長《のぶなが》は最初《さいしょ》、折《お》れて出《で》たが、延暦寺《えんりゃくじ》からの返事《へんじ》はない。つぎは強《つよ》く出《で》てみた。

「条件《じょうけん》をのまないなら、延暦寺《えんりゃくじ》をすべて焼《や》きはらう」

それでも返事《へんじ》はなかった。

「欲《よく》におぼれた坊主《ぼうず》どもが」

状況《じょうきょう》は膠着《こうちゃく》（動《うご》きがなくなること）した。

そのうち、信長《のぶなが》に反対《はんたい》する勢力《せいりょく》が各地《かくち》で動《うご》きだした。とくに本願寺《ほんがんじ》の拠点《きょてん》でもある伊勢長島《いせながしま》*の一向一揆《いっこういっき》は規模《きぼ》が大《おお》きく、信長《のぶなが》の弟《おとうと》の信興《のぶとも》が切腹《せっぷく》に追《お》いこまれて死《し》んだ。

信長《のぶなが》の軍《ぐん》が身動《みうご》きできない隙《すき》をつかれたのだ。

このままだと、事態《じたい》はもっと悪《わる》くなる。

足利義昭《あしかがよしあき》が反信長同盟《はんのぶながどうめい》に呼《よ》びかけている。それに応《おう》じて、武田信玄《たけだしんげん》が動《うご》きだせば、浅井《あざい》や朝倉《あさくら》、六角《ろっかく》、三好《みよし》、そして本願寺《ほんがんじ》や長島《ながしま》の一揆衆《いっきしゅう》まで、ここぞとばかり立《た》ちあがるだろう。

またも絶体絶命《ぜったいぜつめい》。これまでにないほどの危機《きき》かもしれなかった。

状況《じょうきょう》は変《か》わらないまま、十二月十三日《がつにち》、信長《のぶなが》は講和《こうわ》の条件《じょうけん》をのんで和睦《わぼく》した。

＊伊勢長島《いせながしま》……伊勢国《いせのくに》（現在《げんざい》の三重県《みえけん》の大部分《だいぶぶん》と、愛知県《あいちけん》および岐阜県《ぎふけん》の一部《いちぶ》）と尾張国《おわりのくに》の国境《くにざかい》あたりで、現在《げんざい》の三重県桑《みえけんくわ》

翌元亀二年《よくげんきねん》（一五七一年《ねん》）、九月《がつ》。信長《のぶなが》は延暦寺《えんりゃくじ》への報復《ほうふく》を実行《じっこう》する。

苛烈《かれつ》きわまる報復《ほうふく》だった。延暦寺《えんりゃくじ》に対《たい》して言《い》いわたしていたことを、ほんとうにやったのだ。

「くされ坊主《ぼうず》どもを、みな殺《ごろ》しにしろ」

僧侶《そうりょ》だけではなかった。山門《さんもん》にいる老若男女《ろうにゃくなんにょ》すべてを殺《ころ》すように命《めい》じた。

さすがに家臣《かしん》たちも動揺《どうよう》した。延暦寺《えんりゃくじ》といえば世《よ》の中《なか》の平安《へいあん》を守《まも》る総本山《そうほんざん》だ。

この当時《とうじ》の延暦寺《えんりゃくじ》は、僧兵《そうへい》という武装《ぶそう》した兵《へい》たちが守《まも》っている。もとはいくさで主君《しゅくん》をなくし、ゆき場《ば》がなくなった武士《ぶし》たちで、それだけに戦闘力《せんとうりょく》をそなえていた。

その僧兵《そうへい》が街《まち》に出《で》て、暴力《ぼうりょく》で無茶《むちゃ》な要求《ようきゅう》を押《お》しとおし、断《ことわ》れば暴《あば》れる。

強引《ごういん》に女性《じょせい》をさらってくる。

仏教《ぶっきょう》では禁《きん》じられている肉《にく》や魚《さかな》を食《た》べたり、酒《さけ》を飲《の》んだりする。

信長《のぶなが》が嫌《きら》うのは、堕落《だらく》だ。本来《ほんらい》あるべき姿《すがた》とかけはなれて、心《こころ》の弱《よわ》さからなまけた行動《こうどう》をとっていることだ。

しかし、このとき延暦寺《えんりゃくじ》にいたのは、そのような僧侶《そうりょ》だけではない。当然《とうぜん》、まじめな僧《そう》もいたし、一般《いっぱん》の信徒《しんと》の男女《だんじょ》もいた。そのすべてを、根《ね》こそぎ殺《ころ》すように命《めい》じたのだ。

ひとりも生《い》かしてはおかぬという、おそるべき徹底《てってい》ぶりだった。

浅井《あざい》・朝倉《あさくら》と決着《けっちゃく》をつける

元亀《げんき》三年《ねん》（一五七二年《ねん》）、ついに信長《のぶなが》のおそれていたことが起《お》こった。

甲斐《かい》の武田信玄《たけだしんげん》が、足利義昭《あしかがよしあき》の頼《たの》みに応《おう》じて、動《うご》きだしたのである。

信玄《しんげん》は仏門《ぶつもん》に入《はい》っている。それだけに、延暦寺《えんりゃくじ》を焼《や》き打《う》ちにした信長《のぶなが》が許《ゆる》せなかった。

信玄《しんげん》からの非難《ひなん》の手紙《てがみ》に対《たい》し、信長《のぶなが》は「第六天魔王《だいろくてんまおう》」の署名《しょめい》で返答《へんとう》した。

自分《じぶん》は「魔王《まおう》」だ。この世《よ》のあらゆる権威《けんい》とは無縁《むえん》の独裁者《どくさいしゃ》だと、宣言《せんげん》したのだ。

「やった！　信玄《しんげん》が来《き》てくれるぞっ」

足利義昭《あしかがよしあき》は、小躍《こおど》りしてよろこんだ。最強《さいきょう》の軍団《ぐんだん》が動《うご》きだしたのだから、こんな心強《こころづよ》いことはない。みずから欲《ほっ》した「征夷大将軍《せいいたいしょうぐん》」でありながら、つねにほかの大名《だいみょう》の武力《ぶりょく》に頼《たよ》っている事実《じじつ》と矛盾《むじゅん》に、この無邪気《むじゃき》な男《おとこ》は気《き》づいていなかった。

信玄《しんげん》は、三万《まん》もの軍勢《ぐんぜい》をひきいて西《にし》に進《すす》んでいる。その途中《とちゅう》には、信長《のぶなが》の同盟《どうめい》である家康《いえやす》のいる三河《みかわ》がある。

信長《のぶなが》はこのとき本願寺《ほんがんじ》との戦《たたか》いにかかりきりになっていて、家康《いえやす》に、三千《ぜん》しか援軍《えんぐん》を送《おく》れなかった。それだけでなく、「今《いま》は戦《たたか》うな」と、家康《いえやす》には忠告《ちゅうこく》した。

「信玄《しんげん》と戦《たたか》えば負《ま》ける」

これは信長《のぶなが》が、冷静《れいせい》に信玄《しんげん》の戦闘力《せんとうりょく》を分析《ぶんせき》した結果《けっか》の判断《はんだん》だった。

いっぽうの家康《いえやす》のほうは血気《けっき》にはやっていた。いくさの巧者《こうしゃ》であり、ことに野戦《やせん》（山野《さんや》などの広《ひろ》い場所《ばしょ》での戦闘《せんとう》）にかけては天才的《てんさいてき》な実力《じつりょく》を持《も》つだけに、「自分《じぶん》こそが」という気持《きも》ちもあった。

が、結果《けっか》は惨敗《ざんぱい》だった。遠江《とおとうみ》の三方ヶ原《みかたがはら》でおこなわれた戦《たたか》いは、信玄《しんげん》の圧倒的《あっとうてき》な強《つよ》さの前《まえ》に、さすがの家康《いえやす》もなすすべもなく逃《に》げだすしかなかった。

信玄《しんげん》の上洛《じょうらく》は、しかし途上《とじょう》で止《と》まった。

「なに、信玄《しんげん》が死《し》んだ？」

信長《のぶなが》の声《こえ》は、自然《しぜん》とうわずった。

「そのようなうわさがあります」

忍《しの》びからよせられる情報《じょうほう》も、うわさの域《いき》を出《で》ない。

「徹底的《てっていてき》に調《しら》べろ。こんな重要《じゅうよう》な情報《じょうほう》があるか！」

そのあと、やはり武田信玄《たけだしんげん》は上洛《じょうらく》の途中《とちゅう》で病気《びょうき》が悪化《あっか》し、亡《な》くなっているという報告《ほうこく》がもたらされた。

信長《のぶなが》にとって、もっともおそれていた相手《あいて》が地上《ちじょう》から消《き》えたことになる。

あせったのは足利義昭《あしかがよしあき》だ。信長《のぶなが》にさからわないふりをしながら、裏《うら》ではこっそりと諸国《しょこく》の大名《だいみょう》たちに連絡《れんらく》をとって「信長包囲網《のぶながほういもう》」を築《きず》こうとしていたのだが、その中《なか》で一番頼《いちばんたよ》りにしていた武《たけ》田信玄《だしんげん》が亡《な》くなったのだ。

こんな男《おとこ》でも、いちおう「将軍《しょうぐん》」なので、信長《のぶなが》は義昭《よしあき》を殺《ころ》さない。殺《ころ》せば「反逆者《はんぎゃくしゃ》」になって、のちの仕事《しごと》にさしつかえる。信長《のぶなが》は激《はげ》しい性格《せいかく》ではあるが、現実的《げんじつてき》な計算《けいさん》にぬかりはなかった。

義昭《よしあき》はとうとう京《きょう》から追放《ついほう》され、これによって室町幕府《むろまちばくふ》は滅亡《めつぼう》した。

翌月《よくげつ》の八月《がつ》、信長《のぶなが》はふたたび浅井《あざい》・朝倉《あさくら》の征伐《せいばつ》に乗《の》りだした。

浅井《あざい》の居城《きょじょう》・近江《おうみ》の小谷城《おだにじょう》を攻《せ》めていると、長政《ながまさ》と同盟《どうめい》を組《く》んでいる朝倉義景《あさくらよしかげ》が救援《きゅうえん》にきたので、これに対《たい》しても猛然《もうぜん》と攻撃《こうげき》した。

義景《よしかげ》の軍《ぐん》は、信長軍《のぶながぐん》の勢《いきお》いにおされて逃《に》げた。信長《のぶなが》はそれを追《お》って越前《えちぜん》に入《はい》り、中心都市《ちゅうしんとし》の一《いち》乗谷《じょうだに》で、義景《よしかげ》を切腹《せっぷく》に追《お》いこんだ。

越前《えちぜん》に長《なが》く君臨《くんりん》した領主《りょうしゅ》の、むざんな最期《さいご》だった。

数日後《すうじつご》、織田軍《おだぐん》が小谷城《おだにじょう》に奇襲攻撃《きしゅうこうげき》をかけた。それをしきったのが、羽柴秀吉《はしばひでよし》だ。

小谷城《おだにじょう》には、妹《いもうと》の市《いち》と、その三人《にん》の娘《むすめ》もいる。それでも攻撃《こうげき》の手《て》をゆるめるような信長《のぶなが》ではなかった。浅井長政《あざいながまさ》は自分《じぶん》を裏切《うらぎ》った許《ゆる》しがたい相手《あいて》であり、かならずたおすと決《き》めていた。

(だが、できることなら)

市《いち》には逃《に》げのびてほしい。

(長政《ながまさ》は、市《いち》を逃《に》がすのではないか)

信長《のぶなが》は長政《ながまさ》を憎《にく》み、殺《ころ》すつもりでいても、彼《かれ》の気質《きしつ》は認《みと》めている。

長政《ながまさ》もまた、信長《のぶなが》の底力《そこぢから》を信《しん》じていた。織田軍《おだぐん》に取《と》り囲《かこ》まれた小谷城《おだにじょう》の中《なか》で、

「市《いち》、おまえは生《い》きのびるのだ。兄上《あにうえ》を頼《たよ》るがいい」

反論《はんろん》を許《ゆる》さず、市《いち》と三人《にん》の娘《むすめ》たちをのがした。

そして長政《ながまさ》は、城《しろ》の中《なか》で腹《はら》を切《き》った。

長篠《ながしの》の戦《たたか》い

武田信玄《たけだしんげん》が死《し》に、足利義昭《あしかがよしあき》を追放《ついほう》、浅井《あざい》・朝倉《あさくら》を倒《たお》し、長島《ながしま》の一揆《いっき》を完全《かんぜん》に制圧《せいあつ》。信長《のぶなが》は、自分《じぶん》を包囲《ほうい》していた敵《てき》をつぎつぎに撃破《げきは》していった。

そして、天正三年《てんしょうねん》（一五七五年《ねん》）五月《がつ》。信玄《しんげん》が亡《な》くなってから武田家《たけだけ》のあとをついだ息子《むすこ》の勝《かつ》頼《より》が、三河《みかわ》の長篠城《ながしのじょう》を攻撃《こうげき》した。

長篠城《ながしのじょう》は、徳川家康《とくがわいえやす》の家臣《かしん》、奥平信昌《おくだいらのぶまさ》が城主《じょうしゅ》になっている。信昌《のぶまさ》はかつては武田《たけだ》の家臣《かしん》だったが、家康《いえやす》のさそいに乗《の》って徳川家《とくがわけ》に寝返《ねがえ》ったことに、勝頼《かつより》が怒《おこ》ったのだ。

家康《いえやす》は、同盟《どうめい》を組《く》んでいる信長《のぶなが》に救援《きゅうえん》をもとめた。信長《のぶなが》は三万《まん》をひきいて出陣《しゅつじん》し、徳川軍《とくがわぐん》と合《あ》わせて三万八千《まんせん》の大軍《たいぐん》となった。

対《たい》する武田軍《たけだぐん》は、一万八千《まんせん》。数《かず》の上《うえ》で負《ま》けているが、勝頼《かつより》には自信《じしん》があった。

武田《たけだ》には無敵《むてき》の騎馬軍団《きばぐんだん》がいる。この騎馬隊《きばたい》の突進《とっしん》をうけて、退《ひ》かなかった敵《てき》はない。

だが、自信《じしん》と同時《どうじ》に、勝頼《かつより》は心《こころ》の中《なか》に晴《は》れないものも抱《かか》えていた。

（父上《ちちうえ》とくらべられている）

考《かん》えすぎかもしれないが、家臣《かしん》たちの自分《じぶん》に向《む》ける目《め》が、「おまえなどについていけるか」と言《い》っているように感《かん》じる。その想《おも》いをふりはらうには、実力《じつりょく》を証明《しょうめい》してみせるしかなかった。

五月《がつ》二十一日《にち》、勝頼《かつより》は、長篠城《ながしのじょう》の西《にし》に広《ひろ》がる設楽原《したらがはら》に軍《ぐん》を進《すす》めた。

信長《のぶなが》は、設楽原《したらがはら》におよそ二キロにわたって馬防柵《ばぼうさく》をはりめぐらせた。馬防柵《ばぼうさく》とは、文字《もじ》どおり「馬《うま》を防《ふせ》ぐ柵《さく》」と書《か》く。騎馬隊《きばたい》の突進《とっしん》を、これによって止《と》めようというのだ。

鉄砲《てっぽう》は三千挺《ぜんちょう》もそろえているので、これが織田《おだ》・徳川連合軍《とくがわれんごうぐん》の主力部隊《しゅりょくぶたい》となる。

ここまで武田軍《たけだぐん》をおびきよせるため、徳川方《とくがわがた》の武将《ぶしょう》、酒井忠次《さかいただつぐ》が、長篠城《ながしのじょう》を包囲《ほうい》するように築《きず》かれた四つの砦《とりで》をすべて落《お》とした。

武田軍《たけだぐん》は、前後《ぜんご》ではさみうちにされた。戦場《せんじょう》では最悪《さいあく》の形《かたち》である。危機《きき》を脱《だっ》するためには、前《まえ》に進《すす》むしかない。

最初《さいしょ》の騎馬隊《きばたい》が、馬防柵《ばぼうさく》の向《む》こうに並《なら》んで動《うご》かない敵《てき》に突進《とっしん》していった。

そのとき、すさまじい鉄砲《てっぽう》の音《おと》が天地《てんち》をゆるがした。

当時《とうじ》の鉄砲《てっぽう》の発射音《はっしゃおん》は、爆裂弾《ばくれつだん》のように大《おお》きい。

この音《おと》で、まず馬《うま》がパニックにおちいった。

いっせい射撃《しゃげき》をあびて、前《まえ》を走《はし》っていた騎馬《きば》は、バタバタとたおれていく。

「ひるむな！」

勝頼《かつより》は叫《さけ》んだ。鉄砲《てっぽう》は、つぎの弾《たま》をこめるのに時間《じかん》がかかる。しかしなんと、ほとんど間《ま》をあけず、つぎのいっせい射撃《しゃげき》が放《はな》たれたのだ。また、おおぜいの騎馬武者《きばむしゃ》が、ころげ落《お》ちた。

三段撃《だんう》ちという作戦《さくせん》であった。

織田《おだ》・徳川軍《とくがわぐん》の鉄砲隊《てっぽうたい》は、三列《れつ》になっている。撃《う》ちおえた二列目《れつめ》の鉄砲隊《てっぽうたい》が、その場《ば》にかがんだかと思《おも》うと、そのときには三列目《れつめ》の兵《へい》がサッと立《た》ちあがり、鉄砲《てっぽう》をかまえていた。

「放《はな》て！」

信長《のぶなが》が命《めい》じる。間《ま》をおかず三列目《れつめ》の鉄砲隊《てっぽうたい》がいっせい射撃《しゃげき》を終《お》えたときには、もう一列目《れつめ》が弾《たま》ごめをすませて、立《た》ちあがっていた。

火縄銃《ひなわじゅう》は、一度《いちど》発射《はっしゃ》すると煙幕《えんまく》のようにススが立《た》ちこめるので、列《れつ》のあいだは広《ひろ》くとっている。

武田側《たけだがわ》は、突撃《とつげき》をかけるごとに半数以上《はんすういじょう》が撃《う》ちたおされていった。

その数《かず》は、一万《まん》八千《せん》の軍《ぐん》のうち一万《まん》をこえ、勝頼《かつより》はとうとう家臣《かしん》とともに、わずか数騎《すうき》で逃《に》げていった。

天王寺《てんのうじ》の戦《たたか》い〜紀州《きしゅう》攻《ぜ》め

天正《てんしょう》四年《ねん》（一五七六年《ねん》）、本願寺《ほんがんじ》が、また信長《のぶなが》に対《たい》して挙兵《きょへい》した。

宗教勢力《しゅうきょうせいりょく》の本願寺《ほんがんじ》が強《つよ》かった理由《りゆう》のひとつとして、実《じつ》は強力《きょうりょく》な助《すけ》っ人《と》の存在《そんざい》がいたことも大《おお》きい。

助《すけ》っ人《と》——鉄砲《てっぽう》を得意《とくい》とする*紀州《きしゅう》の雑賀衆《さいかしゅう》である。

どの大名《だいみょう》よりも早《はや》く三千挺《ぜんちょう》をこえる鉄砲《てっぽう》をそなえていた雑賀衆《さいかしゅう》は、金《かね》をもらっていくさをする「やとわれ兵《へい》」になった。この地《ち》では、子《こ》どものころから鉄砲《てっぽう》をあつかい、なれた道具《どうぐ》として使《つか》いこなしている。その雑賀衆《さいかしゅう》を、本願寺《ほんがんじ》が呼《よ》びよせたのだ。

鉄砲隊《てっぽうたい》をひきいるのは、雑賀孫一《さいかまごいち》。

三本足《ぼんあし》のカラス「八咫烏《やたがらす》」を旗印《はたじるし》とし、袖《そで》なしの派《は》手《で》な赤《あか》い陣羽織《じんばおり》をはおっている。

「つぎの仕事《しごと》は大坂《おおさか》だ。馬面《うまづら》に頼《たの》まれた」

＊紀州《きしゅう》……紀伊国《きいのくに》の別称《べっしょう》。現在《げんざい》の和歌山県《わかやまけん》および三重県《みえけん》の一部《いちぶ》。

孫一《まごいち》は仲間《なかま》たちに告《つ》げた。

「また、そんなことを」

雑賀衆《さいかしゅう》の中《なか》にも浄土真宗《じょうどしんしゅう》の信者《しんじゃ》は多《おお》い。馬面《うまづら》（長《なが》い顔《かお》）というのが顕如《けんにょ》のことだと知《し》って、不《ふ》快《かい》な顔《かお》をする者《もの》もいた。

石山《いしやま》には雑賀衆《さいかしゅう》だけでなく、一万《まん》以上《いじょう》の雑兵《ぞうひょう》が集《あつ》まっている。

信長《のぶなが》はこれに対《たい》して、原田直政《はらだなおまさ》、荒木村重《あらきむらしげ》、明智光秀《あけちみつひで》らを将《しょう》として向《む》かわせた。

雑賀孫一《さいかまごいち》は、本願寺《ほんがんじ》の敷地内《しきちない》に鉄砲隊《てっぽうたい》を編成《へんせい》し、いっせい射撃《しゃげき》で織田軍《おだぐん》を迎《むか》え撃《う》った。

大坂《おおさか》の空間《くうかん》を、水平《すいへい》の豪雨《ごうう》のように弾丸《だんがん》が飛《と》ぶ。しかも、間《ま》をおかない。これでは長篠《ながしの》における武田軍《たけだぐん》の二の舞《まい》だ。ついに織田方《おだがた》の将《しょう》、原田直政《はらだなおまさ》が、この銃撃《じゅうげき》の中《なか》で討《う》ち死《じ》にした。

信長《のぶなが》は軍《ぐん》を撤退《てったい》させた。が、勢《いきお》いに乗《の》った本願寺勢《ほんがんじぜい》は、一万《まん》五千《せん》の大軍《たいぐん》で追撃《ついげき》し、本願寺《ほんがんじ》から南《みなみ》に三キロほどのところにある天王寺《てんのうじ》の砦《とりで》を取《と》り囲《かこ》んだ。ここは織田方《おだがた》の明智光秀《あけちみつひで》が守《まも》っている。

光秀《みつひで》といえば、連歌《れんが》などの教養《きょうよう》もあり、外交《がいこう》や政治的《せいじてき》な能力《のうりょく》のほうが目立《めだ》っているように思《おも》われるが、それだけの男《おとこ》なら、信長《のぶなが》は重用《ちょうよう》しない。

織田家《おだけ》で頭角《とうかく》を現《あらわ》すからには、武功《ぶこう》が必要《ひつよう》である。戦場《せんじょう》に出《で》て、危険《きけん》に身《み》をさらし、命《いのち》がけで成果《せいか》をあげなければ、信長《のぶなが》は認《みと》めない。

そして光秀《みつひで》は、いくさも強《つよ》かったのだ。

万事《ばんじ》にぬけ目《め》のないこの男《おとこ》は、信長《のぶなが》が与《あた》えた攻略《こうりゃく》の目標《もくひょう》を、ことごとく成《な》しとげてきた。

とくに比叡山《ひえいざん》の焼《や》き打《う》ちでは、中心的《ちゅうしんてき》な活躍《かつやく》をし、その武功《ぶこう》によって近江《おうみ》の滋賀郡《しがぐん》を与《あた》えられ、*坂本《さかもと》の城主《じょうしゅ》になっている。

古《ふる》くから仕《つか》えている柴田勝家《しばたかついえ》や丹羽長秀《にわながひで》を追《お》いぬいての出世《しゅっせ》である。この時点《じてん》では、秀吉《ひでよし》も領主《りょうしゅ》にはなっていない。光秀《みつひで》は、織田家《おだけ》の出世《しゅっせ》頭《がしら》といっていい武将《ぶしょう》なのだ。

その光秀《みつひで》が、天王寺砦《てんのうじとりで》で危機《きき》におちいっている。ここでもよく戦《たたか》ったが、大軍《たいぐん》で攻《せ》めよせる本願寺勢《ほんがんじぜい》の前《まえ》に、砦《とりで》を落《お》とされるのは時間《じかん》の問題《もんだい》だった。

「このままだと三日《みっか》ももちません」

＊坂本《さかもと》……近江国《おうみのくに》の地名《ちめい》。琵琶湖《びわこ》の南西部《なんせいぶ》で、明智光秀《あけちみつひで》が坂本城《さかもとじょう》を築《きず》いた。

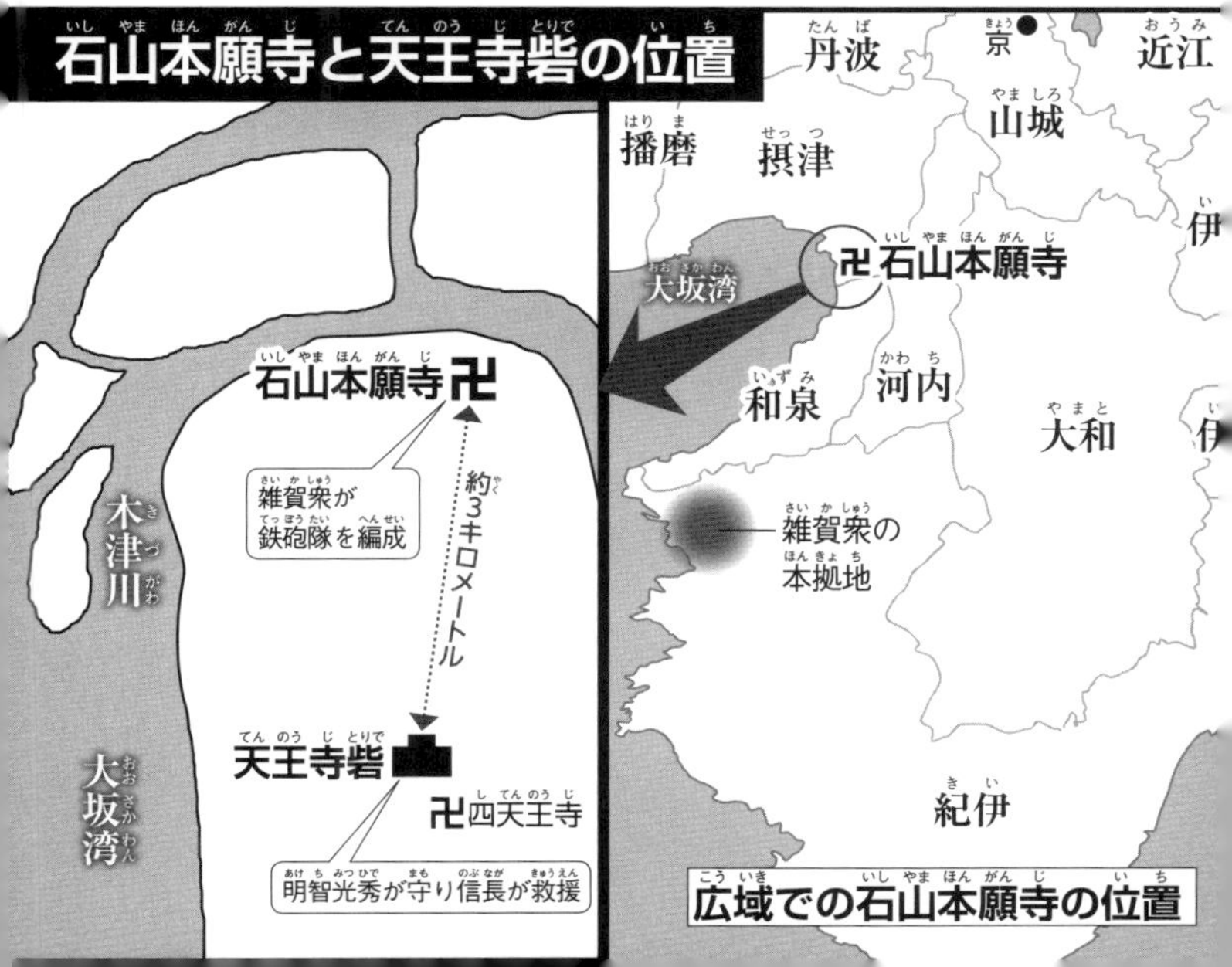

という報告《ほうこく》が光秀《みつひで》から届《とど》くと、信長《のぶなが》はすぐさま出撃《しゅつげき》した。急《きゅう》な事態《じたい》で兵《へい》が集《あつ》まらず、その数《かず》、わずか三千《ぜん》。敵《てき》の五分《ぶん》の一に満《み》たない。大軍《たいぐん》に対《たい》して、これほどの圧倒的少数《あっとうてきしょうすう》で戦《たたか》いを挑《いど》むのは、桶狭間《おけはざま》のとき以来《いらい》だろうか。信長《のぶなが》はつねに敵《てき》より多《おお》くの兵《へい》で戦《たたか》うようにしてきたが、今回《こんかい》は異例《いれい》だった。

「ここで天王寺《てんのうじ》の味方《みかた》を見《み》すてれば、世間《せけん》の笑《わら》い者《もの》になる」

決断《けつだん》に迷《まよ》いはない。いつもと変《か》わらないのは、その電撃的《でんげきてき》なスピードだ。三千《ぜん》の軍《ぐん》で敵《てき》の大軍《たいぐん》に突《つ》っこみ、錐《きり》でつき刺《さ》すように進《すす》んだ。

途中《とちゅう》、足《あし》を撃《う》たれた。

「とのッ！」

と心配《しんぱい》する家臣《かしん》に、

「知《し》ったことかよ」

信長《のぶなが》は頭《あたま》に血《ち》がのぼり、前進《ぜんしん》することに集中《しゅうちゅう》しているので、自分《じぶん》のケガになどかまっていられない。天王寺《てんのうじ》の砦《とりで》に入《はい》ると、光秀《みつひで》たちの救出《きゅうしゅつ》に成功《せいこう》した。

織田軍《おだぐん》は勢《いきお》いづいた。信長《のぶなが》は、ふだん家臣《かしん》におそれられているが、それだけに、戦場《せんじょう》にその姿《すがた》をあらわすと、兵《へい》たちが心強《こころづよ》く思《おも》って息《いき》を吹《ふ》きかえすのだ。

「これは天《てん》が与《あた》えた機会《きかい》だ」

すぐには帰《かえ》らず、二千《せん》七百《ひゃく》もの敵《てき》を討《う》った。快挙《かいきょ》だったが、織田方《おだがた》の被害《ひがい》も大《おお》きい。名《な》のある家臣《かしん》が何人《なんにん》も死《し》んでしまった。孫一《まごいち》らの鉄砲軍団《てっぽうぐんだん》に撃《う》たれたのだ。

馬《うま》を走《はし》らせて帰《かえ》る途中《とちゅう》、信長《のぶなが》は、本願寺《ほんがんじ》にひるがえる旗印《はたじるし》の中《なか》に、三本《ぼん》足《あし》のカラスを見《み》た。

「紀州《きしゅう》の田舎侍《いなかざむらい》が」

こいつらから成敗《せいばい》してやらなければならない、と信長《のぶなが》は考《かんが》えた。

本願寺《ほんがんじ》がなかなか落《お》とせないなら、何千挺《なんぜんちょう》もの鉄砲《てっぽう》をひっさげて「やとわれ兵《へい》」としてやってくる雑賀衆《さいかしゅう》を、先《さき》にたたきつぶしてやる。

信長《のぶなが》はそう考《かんが》え、天正《てんしょう》五年《ねん》（一五七七年《ねん》）、紀州《きしゅう》に攻《せ》めこんだ。

雑賀衆《さいかしゅう》の弱点《じゃくてん》は、一枚岩《いちまいいわ》でないことだ。雑賀《さいか》は当時《とうじ》、山側三《やまがわみっ》つと海側二《うみがわふた》つの五からみ（地域《ちいき》）で結成《けっせい》されている。

この五からみが、すぐに対立《たいりつ》したり、いがみあったりしているのだ。

信長《のぶなが》は、まず山側《やまがわ》の三からみを味方《みかた》につけ、さらに雑賀《さいか》より山奥《やまおく》にある根来寺《ねごろじ》の者《もの》も織田側《おだがわ》に引《ひ》きこんだ。根来衆《ねごろしゅう》も金《かね》でいくさを引《ひ》きうける「やとわれ兵《へい》」なのだ。

この者《もの》たちに案内《あんない》させて紀州《きしゅう》に入《はい》った。その数《かず》、なんと十万《まん》。織田軍《おだぐん》のほとんどの将《しょう》が参加《さんか》している。雑賀衆《さいかしゅう》との戦《たたか》いでは、これまで何度《なんど》も苦杯《くはい》をなめてきたので、用心《ようじん》して兵力《へいりょく》を結集《けっしゅう》させたのだ。対《たい》する雑賀衆《さいかしゅう》の兵力《へいりょく》は、分散《ぶんさん》したために、わずか二千《せん》しかなくなっている。

「十万《まん》の大軍《たいぐん》だとよ。どうするんだ、孫一《まごいち》」

仲間《なかま》の土橋平次《どばしへいじ》に言《い》われて、孫一《まごいち》は「決《き》まってんだろ」と鼻《はな》を鳴《な》らした。

「やっぱり降伏《こうふく》か」

十万《まん》対《たい》二千《せん》では、単純《たんじゅん》に計算《けいさん》して、ひとりで五十人《にん》と戦《たたか》うということだ。

ふつうに考《かんが》えて勝《か》ち目《め》はない。信長《のぶなが》のやり方《かた》は、みな殺《ごろ》しだ。さからえば、延暦寺《えんりゃくじ》や長島一揆《ながしまいっき》のように、徹底的《てっていてき》に滅《ほろ》ぼされるだろう。

「雑賀《さいか》に、鉄砲玉《てっぽうだま》は十万《まん》以上《いじょう》ある」

孫一《まごいち》は、ぶっきらぼうに言《い》った。

「なに、どういう意味《いみ》だ？」

土橋《どばし》はしばらく考《かんが》えた。が、ハッとした顔《かお》で孫一《まごいち》を見《み》た。

「おめえ。……やる気《き》か、十万《まん》の敵《てき》を相手《あいて》に」

「十万《まん》の鉄砲玉《てっぽうだま》を、全部《ぜんぶ》ぶちこんだら勝《か》てる」

「いや、しかし……」

相手《あいて》は十万《まん》なんだぞ、という言葉《ことば》を、土橋《どばし》はのみこんだ。

孫一《まごいち》は戦《たたか》って、しかも勝《か》つつもりでいるらしい。


「次《つぎ》」

孫一《まごいち》は、一発撃《いっぱつう》つごとに、横《よこ》にいる仲間《なかま》から鉄砲《てっぽう》を受《う》けとり、すばやくかまえて引《ひ》き金《がね》を引《ひ》いた。流《なが》れるようなコンビネーションだ。

織田兵《おだへい》が、のけぞってたおれる。

「次《つぎ》」

ポイと鉄砲《てっぽう》を放《ほう》りだすと、またすぐに仲間《なかま》が弾《たま》ごめのすんだ新《あたら》しい鉄砲《てっぽう》をわたす。

雑賀《さいか》を流《なが》れる和歌川《わかがわ》のほとりだった。向《む》こう岸《ぎし》にいる織田軍《おだぐん》を、孫一《まごいち》たちが鉄砲《てっぽう》で撃《う》っているのだ。岸辺《きしべ》には、馬防柵《ばぼうさく》がもうけられている。それがなくても岸辺《きしべ》は高《たか》く、騎馬武者《きばむしゃ》は簡単《かんたん》に川《かわ》からあがってこられない。

信長《のぶなが》は、鉄砲《てっぽう》の弾《たま》が届《とど》かない遠《とお》くの高台《たかだい》から、この戦《たたか》いをながめていた。

「進《すす》めえ！」

指揮《しき》をとっているのは、木下藤吉郎《きのしたとうきちろう》から名前《なまえ》をあらためた羽柴秀吉《はしばひでよし》だ。

織田軍《おだぐん》が、ついに川《かわ》をわたりはじめた。川《かわ》の半分以上《はんぶんいじょう》を進《すす》んだとき、一頭《とう》の馬《うま》がけたたましく鳴《な》くと、いきなり前《まえ》のめりになって、川《かわ》に頭《あたま》を突《つ》っこんだ。乗《の》っていた兵《へい》が放《ほう》りだされる。

その馬《うま》だけではない。川《かわ》のあちこちで、何頭《なんとう》もの馬《うま》が、ガクンと膝《ひざ》を折《お》って、つんのめった。

「かかったぞ」

孫一《まごいち》がニヤリと笑《わら》った。

馬《うま》はつぎつぎにたおれていく。そのたびに、乗《の》っていた織田兵《おだへい》も投《な》げだされた。

あたりは、馬《うま》の悲鳴《ひめい》と、兵《へい》の叫《さけ》びに満《み》ちていた。

「なんだ、なにが起《お》こったんだ？」

対岸《たいがん》にいる秀吉《ひでよし》が叫《さけ》んだ。

（川底《かわぞこ》にワナがあるな）

家臣《かしん》から報告《ほうこく》を受《う》けた信長《のぶなが》は、それに気《き》づいた。

孫一《まごいち》たちは、あらかじめ川《かわ》をせきとめ、べつの支流《しりゅう》に流《なが》してから、川底《かわぞこ》に壺《つぼ》や桶《おけ》をうめておいたのだ。その上《うえ》を薄《うす》い板《いた》で覆《おお》い、砂《すな》が入《はい》らないようにして、また川《かわ》の水《みず》をもどした。

馬《うま》の体重《たいじゅう》では、簡単《かんたん》に上《うえ》の板《いた》を踏《ふ》みぬいて、壺《つぼ》や桶《おけ》に足《あし》を取《と》られる。そしてつぎつぎにたおれていく。

前《まえ》を進《すす》む馬《うま》がたおれると、あとの馬《うま》も進《すす》めない。足《あし》を取《と》られなかった馬《うま》も、馬防柵《ばぼうさく》にさえぎられて、こちらにはあがれない。

和歌川《わかがわ》は、織田軍《おだぐん》の兵《へい》と馬《うま》でギュウギュウづめになった。

（サルめ、早《はや》く引《ひ》きあげさせろ）

信長《のぶなが》が思《おも》ったとき、

「おーし、今《いま》だ。放《はな》てえ！」

孫一《まごいち》の号令《ごうれい》で、待《ま》ちかまえていた雑賀衆《さいかしゅう》の射手《しゃしゅ》たちが、岸辺《きしべ》から立《た》ちあがった。その数《かず》、五百《ひゃく》人《にん》。鉄砲《てっぽう》がいっせいに火《ひ》を噴《ふ》いた。ねらった的《まと》を外《はず》す距離《きょり》ではない。

強風《きょうふう》にあおられたように、五百人《ひゃくにん》の織田兵《おだへい》がたおれた。

「次《つぎ》ぃ」

ササッと、雑賀《さいか》の射手《しゃしゅ》が交代《こうたい》する。うしろにひかえていた五百人《ひゃくにん》が、今度《こんど》は立《た》ちあがった。

「放《はな》てえ！」

発射音《はっしゃおん》がとどろき、また五百人《ひゃくにん》がたおれた。

織田兵《おだへい》のあいだでパニックが生《しょう》じていた。逃《に》げようにも、川《かわ》の中《なか》は、足《あし》を折《お》った馬《うま》がたおれ、人《ひと》の死体《したい》で埋《う》めつくされている。身動《みうご》きがとれない。

「次《つぎ》、放《はな》てえ」

五百《ひゃく》の鉄砲《てっぽう》が、また弾丸《だんがん》を発射《はっしゃ》した。それに貫《つらぬ》かれた織田兵《おだへい》がドミノだおしのようにバタバタとたおれ、川《かわ》の中《なか》をさらに動《うご》きづらくした。秀吉《ひでよし》もついに叫《さけ》んだ。

「こ、こりゃいかん。退却《たいきゃく》だ。引《ひ》きあげろ！」

「放《はな》てえ」

その声《こえ》に、孫一《まごいち》の号令《ごうれい》がかさなった。

信長《のぶなが》は安全策《あんぜんさく》を取《と》り、これ以上《いじょう》の損害《そんがい》を出《だ》すのをふせぐため、紀州《きしゅう》から退《ひ》いた。

書面上《しょめんじょう》で雑賀衆《さいかしゅう》に敗北《はいぼく》を認《みと》めさせ、それを条件《じょうけん》に手《て》を引《ひ》くという形《かたち》を取《と》ったのだ。

信長《のぶなが》としては、これだけの大軍《たいぐん》で攻《せ》めた以上《いじょう》「負《ま》けて撤退《てったい》」するわけにはいかない。

孫一《まごいち》や土橋平次《どばしへいじ》など、雑賀衆《さいかしゅう》の代表者《だいひょうしゃ》も、形式上《けいしきじょう》で負《ま》けを認《みと》めれば織田軍《おだぐん》が撤退《てったい》するというのだから文句《もんく》はなく、降参《こうさん》する書面《しょめん》に署名《しょめい》した。

「まあ、これぐらいにしといてやるか」

「金《かね》にならんしな」

この戦《たたか》いでは、孫一《まごいち》も足《あし》に傷《きず》を負《お》っていたし、織田《おだ》の大軍《たいぐん》とこれからずっと戦《たたか》うわけにはいかない。おたがいにこれが引《ひ》きぎわだと考《かんが》えたのだ。

が、二千《せん》の人数《にんずう》で十万《まん》の織田軍《おだぐん》を追《お》いはらったのだから、雑賀衆《さいかしゅう》が「勝利《しょうり》の宴《うたげ》」を開《ひら》き、孫一《まごいち》が片足《かたあし》を引《ひ》きずって踊《おど》ったという記録《きろく》が地元《じもと》には残《のこ》っている。

木《き》津《づ》川《がわ》口《ぐち》の戦《たたか》い

信長《のぶなが》にとって、本願寺《ほんがんじ》の存在《そんざい》は、天下取《てんかと》りの前《まえ》に立《た》ちはだかった大《おお》きな壁《かべ》だった。戦闘《せんとう》と休戦《きゅうせん》をくりかえし、決着《けっちゃく》がつくまで十年《ねん》におよぶ長《なが》い戦《たたか》いになったが、信長《のぶなが》が手《て》こずったのは、本願寺《ほんがんじ》がやとった雑賀衆《さいかしゅう》の火力《かりょく》だけが理由《りゆう》ではなかった。陸《りく》の戦《たたか》いだけでなく、海戦《かいせん》でも苦渋《くじゅう》をのまされているのだ。

紀州《きしゅう》攻《ぜ》めの前《まえ》の年《とし》（天正《てんしょう》四年《ねん》、一五七六年《ねん》）。石山本願寺《いしやまほんがんじ》には二万人《まんにん》の信徒《しんと》がたてこもっていた。当然《とうぜん》、米《こめ》が必要《ひつよう》になる。が、信長《のぶなが》の軍《ぐん》がまわりを封鎖《ふうさ》しているので、陸上《りくじょう》からはなにも運《はこ》びこめず、一揆《いっき》勢《ぜい》は飢《う》えていた。

そこで中国地方《ちゅうごくちほう》を本拠地《ほんきょち》とする毛利家《もうりけ》が、水軍《すいぐん》の力《ちから》で、本願寺《ほんがんじ》に食糧《しょくりょう》や武器《ぶき》を送《おく》りこんだ。信長《のぶなが》は、その輸送路《ゆそうろ》を断《た》つため、毛利《もうり》の水軍《すいぐん》をたたくことにした。

瀬戸内海《せとないかい》を支配《しはい》する海賊《かいぞく》・村上水軍《むらかみすいぐん》のいくさ船《ぶね》に、雑賀衆《さいかしゅう》の水軍《すいぐん》が加《くわ》わった毛利水軍《もうりすいぐん》は、八百《ぴゃく》もの大軍《たいぐん》になった。雑賀《さいか》の海側《うみがわ》の者《もの》は、海運《かいうん》で鹿児島《かごしま》より先《さき》まで航海《こうかい》し、海《うみ》での戦《たたか》いにもなれている。

対《たい》する織田軍《おだぐん》は、九鬼嘉隆《くきよしたか》のひきいる大型《おおがた》で主力《しゅりょく》となる安宅船《あたけぶね》をはじめ、三百《びゃく》ほど。嘉隆《よしたか》は、かつて紀州《きしゅう》・熊野水軍《くまのすいぐん》の海賊《かいぞく》だった男《おとこ》で、今《いま》は信長《のぶなが》に仕《つか》えて織田家《おだけ》の水軍大将《すいぐんたいしょう》になっている。

大坂《おおさか》、木津川《きづがわ》の河口《かこう》で火《ひ》ぶたを切《き》ったこの海戦《かいせん》の結果《けっか》は、織田軍《おだぐん》の完敗《かんぱい》だった。

村上《むらかみ》・雑賀《さいか》の連合軍《れんごうぐん》は、「小早《こばや》」とよばれる小型《こがた》の高速船《こうそくせん》を自在《じざい》にあやつり、「焙烙《ほうろく》」を織田軍《おだぐん》の安宅船《あたけぶね》につぎつぎに投《な》げこんだ。焙烙《ほうろく》というのは、素焼《すや》きの丸《まる》い土器《どき》に火薬《かやく》をつめた爆裂弾《ばくれつだん》だ。

投《な》げこまれた船《ふね》は、火《ひ》を噴《ふ》いた。

火矢《ひや》も大量《たいりょう》に放《はな》たれた。甲板《かんぱん》が高《たか》い大安宅船《おおあたけぶね》には、油《あぶら》をかけた薪《たきぎ》をどっさりと小舟《こぶね》に積《つ》みこみ、それ自体《じたい》を巨大《きょだい》な火炎弾《かえんだん》として上流《じょうりゅう》から突《つ》っこませた。

織田軍《おだぐん》の船《ふね》は炎上《えんじょう》し、つぎつぎに沈《しず》められていった。

「なに、敵《てき》におされているだと」

信長《のぶなが》はすぐに出陣《しゅつじん》したが、途中《とちゅう》で早《はや》くも敗戦《はいせん》の報告《ほうこく》が届《とど》き、引《ひ》きかえした。

「燃《も》えない船《ふね》をつくれ」

信長《のぶなが》の発想《はっそう》は、このときも常識《じょうしき》をこえていた。

火力《かりょく》の差《さ》で負《ま》けたのなら、火《ひ》を受《う》けつけない船《ふね》で戦《たたか》えばいい。そう考《かんが》えた。

その結果《けっか》、つくられたのが、鉄張《てつば》りの戦艦《せんかん》だ。木《き》は水《みず》に浮《う》かぶが、鉄《てつ》は沈《しず》む。だから、この当《とう》時《じ》、船《ふね》に用《もち》いようとはだれも思《おも》わない。これは世界《せかい》に先駆《さきが》けたアイデアだった。


二年後《ねんご》の天正《てんしょう》六年《ねん》（一五七八年《ねん》）。

異様《いよう》な船団《せんだん》が、大坂《おおさか》・木津川口《きづがわぐち》にあらわれた。

六隻《せき》の大安宅船《おおあたけぶね》だが、その全長《ぜんちょう》二十二メートル。箱型《はこがた》で、櫓《やぐら》は二階建《かいだ》て。狭間《さま》（鉄砲《てっぽう》や矢《や》を放《はな》つ隙間《すきま》）は側面《そくめん》にズラリと並《なら》び、甲板《かんぱん》には天守閣《てんしゅかく》まである。その表面《ひょうめん》が、厚《あつ》さ三ミリの鉄板《てっぱん》でコーティングされていた。

大坂《おおさか》に着《つ》くまでに、紀州雑賀《きしゅうさいか》の沖《おき》で、焙烙《ほうろく》を投《な》げてくる雑賀水軍《さいかすいぐん》を返《かえ》り討《う》ちにした六隻《せき》の鉄甲《てっこう》船《せん》は、そのまま北上《ほくじょう》し、木津川口《きづがわぐち》に並《なら》んで今度《こんど》は六百艘《ろっぴゃくそう》の村上水軍《むらかみすいぐん》を迎《むか》え撃《う》った。

めずらしい巨大戦艦《きょだいせんかん》を見《み》るために、木津川口《きづがわぐち》の岸辺《きしべ》にはおおぜいの見物人《けんぶつにん》が集《あつ》まり、菓子《かし》を売《う》る店《みせ》まで出《で》ていた。その群衆《ぐんしゅう》の中《なか》にいた宣教師《せんきょうし》のオルガンティノは、

「こんな大砲《たいほう》が日本《にほん》でつくられていたとは！」

と、おどろいた。

鉄甲船《てっこうせん》の三門《もん》の大砲《たいほう》が火《ひ》を噴《ふ》くと、その一撃《いちげき》で、小早《こばや》はこっぱみじんになった。

投《な》げかけられる焙烙《ほうろく》や火矢《ひや》も通《つう》じない。鉄板《てっぱん》にさえぎられ、はね返《かえ》されて海《うみ》に落《お》ちた。

九鬼嘉隆《くきよしたか》は、敵《てき》の将《しょう》が乗《の》っていると見当《けんとう》をつけた船《ふね》をねらって大砲《たいほう》を撃《う》ちこみ、かたっぱしから沈《しず》めていった。

村上水軍《むらかみすいぐん》は退却《たいきゃく》をはじめたが、九鬼《くき》の船団《せんだん》は逃《に》げ道《みち》をふさいで木津川口《きづがわぐち》に追《お》いこみ、さらに数《すう》百艘《ひゃくそう》を沈《しず》めた。

「勝《か》ったか」

信長《のぶなが》は、報告《ほうこく》を聞《き》いて、当然《とうぜん》だというように言《い》った。

この海戦《かいせん》の敗北《はいぼく》によって、本願寺《ほんがんじ》は補給路《ほきゅうろ》を断《た》たれ、天正《てんしょう》八年《ねん》（一五八〇年《ねん》）顕如《けんにょ》と一揆勢《いっきぜい》は、とうとう信長《のぶなが》に石山《いしやま》の地《ち》を明《あ》けわたして出《で》ていった。

信長《のぶなが》と石山本願寺《いしやまほんがんじ》との十年《ねん》におよぶ戦《たたか》いが、ようやく終《お》わったのだ。

本《ほん》能《のう》寺《じ》

天正《てんしょう》九年《ねん》（一五八一年《ねん》）、八月《がつ》。

お盆《ぼん》の夜《よる》に、安土城下《あづちじょうか》の人々《ひとびと》は、夢《ゆめ》のような光景《こうけい》を見《み》た。

「夜空《よぞら》にお城《しろ》が浮《う》かんでいる！」

「信長《のぶなが》さまのお城《しろ》だ」

「なんと、これは夢《ゆめ》か」

信長《のぶなが》は、安土城《あづちじょう》の天守閣《てんしゅかく》に、色《いろ》とりどりの提灯《ちょうちん》を無数《むすう》につり下《さ》げたのだ。

赤《あか》や青《あお》や黄《き》のあざやかなイルミネーションに取《と》り囲《かこ》まれ、夜空《よぞら》に浮《う》かびあがった安土城《あづちじょう》は、この時代《じだい》に生《う》まれ育《そだ》った人々《ひとびと》にとって、いまだかつて見《み》たことのない幻想的《げんそうてき》で美《うつく》しいものだった。

天正《てんしょう》四年《ねん》（一五七六年《ねん》）に琵琶湖畔《びわこはん》に建築《けんちく》をはじめ、その三年後《ねんご》に天守《てんしゅ》が完成《かんせい》した安土城《あづちじょう》は、

これまでの城《しろ》の常識《じょうしき》を、なにからなにまで打《う》ちやぶる破天荒《はてんこう》な城《しろ》だった。中心部《ちゅうしんぶ》が吹《ふ》きぬけになった内部《ないぶ》の構造《こうぞう》も、地下《ちか》一階地上《かいちじょう》六階《かい》という壮大《そうだい》なつくりも、金箔《きんぱく》を用《もち》いた飾《かざ》りやデザインの美《うつく》しさも、見《み》た人々《ひとびと》をおどろかせ、感動《かんどう》させた。

それを今度《こんど》は、お盆《ぼん》の夜《よる》にライトアップしたのだ。

「なんとも、すごい殿《との》さまだな」

「信長《のぶなが》さまの天下《てんか》じゃ」

城下《じょうか》の人々《ひとびと》は、うっとりとして見入《みい》っていた。

この年《とし》の二月《がつ》、信長《のぶなが》は京《きょう》で正親町天皇《おおぎまちてんのう》を招待《しょうたい》し、馬《うま》ぞろえという盛大《せいだい》なパレードをおこなっている。華々《はなばな》しい服装《ふくそう》をまとった信長《のぶなが》は、家臣《かしん》たちのあとにあらわれ、見物《けんぶつ》の人々《ひとびと》をよろこばせた。

これは人々《ひとびと》を感動《かんどう》させるとともに、自分《じぶん》が天下人《てんかびと》であることを印象《いんしょう》づける政治的《せいじてき》なパフォーマンスでもあった。

天下統一《てんかとういつ》は目前《もくぜん》にせまっていた。

天正《てんしょう》十年《ねん》（一五八二年《ねん》）三月《がつ》には、長男《ちょうなん》の信忠《のぶただ》を大将《たいしょう》にして武田勝頼《たけだかつより》を攻《せ》めさせ、ついに武田家《たけだけ》を滅《ほろ》ぼした（天目山《てんもくざん》の戦《たたか》い）。

「光秀《みつひで》。高松《たかまつ》へ行《い》って、秀吉《ひでよし》に手《て》をかしてやれ」

五月下旬《がつげじゅん》、いきなり命《めい》じられて、明智光秀《あけちみつひで》は耳《みみ》を疑《うたが》った。

「わたしは、四国《しこく》へ行《い》くのでは？」

この時点《じてん》で、信長《のぶなが》が切《き》りしたがえていない大名《だいみょう》は、東北《とうほく》の伊達《だて》、北陸《ほくりく》の上杉《うえすぎ》、関東《かんとう》の北条《ほうじょう》、中国《ちゅうごく》の毛利《もうり》、四国《しこく》の長宗我部《ちょうそかべ》などがいる。

柴田勝家《しばたかついえ》と前田利家《まえだとしいえ》は、北陸《ほくりく》の上杉景勝《うえすぎかげかつ》を。

滝川一益《たきがわかずます》は、関東《かんとう》の北条氏《ほうじょうし》を。

そして秀吉《ひでよし》は、毛利方《もうりがた》の清水宗治《しみずむねはる》がこもる備中《びっちゅう》＊・高松城《たかまつじょう》を攻《せ》めていた。

光秀《みつひで》は、これまで地道《じみち》に長宗我部《ちょうそかべ》の攻略《こうりゃく》を担当《たんとう》してきた。それを、ここになって、四国《しこく》は丹羽《にわ》長秀《ながひで》と三男《さんなん》の信孝《のぶたか》にまかせるという。苦労《くろう》して築《きず》いてきた実績《じっせき》が、完成《かんせい》まぎわに取《と》りあげられ、ほかの者《もの》の手柄《てがら》になってしまうということだ。

「秀吉《ひでよし》が手《て》を焼《や》いているのだ。毛利《もうり》が出《で》てきたからな。おれもあとで行《い》く」

信長《のぶなが》は、ほかの家臣《かしん》の前《まえ》では、秀吉《ひでよし》のことを「サル」とは呼《よ》ばない。

光秀《みつひで》は拍子《ひょうし》ぬけすると同時《どうじ》に、唇《くちびる》を嚙《か》んだ。

教養人《きょうようじん》でなんでもこなせる自分《じぶん》が、あの猿面《さるづら》を補佐《ほさ》しろというのか。

＊備中《びっちゅう》……現在《げんざい》の岡山県《おかやまけん》の西部《せいぶ》。

それに追《お》いうちをかけるように、信長《のぶなが》は言《い》った。

「ああ、それからお主《ぬし》*1の丹波《たんば》と坂本城《さかもとじょう》を召《め》しあげる。そのかわり、今後《こんご》のはたらき次第《だい》で、*2出雲《いずも》と*3石見《いわみ》を切《き》りとっていい」

どちらも功績《こうせき》によって信長《のぶなが》から与《あた》えられ、出世頭《しゅっせがしら》の証《あかし》のようになっていた光秀《みつひで》の領地《りょうち》である。丹波《たんば》には亀山城《かめやまじょう》があり、坂本城《さかもとじょう》のある近江《おうみ》と合《あ》わせて、三十万石《まんごく》をこえる。

（そんな……）

光秀《みつひで》は絶句《ぜっく》した。たった一言《ひとこと》で、自分《じぶん》がなじんだ領地《りょうち》を取《と》りあげられたのだ。

それだけではない。出雲《いずも》と石見《いわみ》は敵地《てきち》である。それを与《あた》えるというのは、戦《たたか》って勝《か》ちとるまで、収入《しゅうにゅう》がないということだ。

（このままだと、そのうち突然《とつぜん》、使《つか》い捨《す》てられる）

光秀《みつひで》の全身《ぜんしん》を、凍《こお》りつくような恐怖《きょうふ》がつらぬいた。

信長《のぶなが》は、本願寺《ほんがんじ》との戦《たたか》いが終《お》わると、たいした手柄《てがら》がないという理由《りゆう》で、三十年《ねん》も仕《つか》えてきた

*1 丹波《たんば》……現在《げんざい》の京都府中部《きょうとふちゅうぶ》、大阪府北部《おおさかふほくぶ》、兵庫県北東部《ひょうごけんほくとうぶ》あたり。
*2 出雲《いずも》……現在《げんざい》の島根県東部《しまねけんとうぶ》。 *3 石見《いわみ》……現在《げんざい》の島根県西部《しまねけんせいぶ》。

佐久間信盛《さくまのぶもり》を追放《ついほう》している。父《ちち》・信秀《のぶひで》の代《だい》からの家老《かろう》だった林佐渡守《はやしさどのかみ》も、役目《やくめ》をとかれた。かつて尾張《おわり》で苦労《くろう》していたときに、弟《おとうと》の信行《のぶゆき》に味方《みかた》していたからだという。

（二十年以上《ねんいじょう》も前《まえ》のことではないか）

その恨《うら》みで、用済《ようず》みになったとたん、追放《ついほう》するのか。

自分《じぶん》もそうなるかもしれない、と光秀《みつひで》は考《かんが》えた。

信長《のぶなが》は人《ひと》の好《す》き嫌《きら》いが激《はげ》しい。そして自分《じぶん》は、信長《のぶなが》に好《この》まれるタイプではなかった。

それを今《いま》になって実感《じっかん》した。

これまで光秀《みつひで》は数々《かずかず》の武功《ぶこう》をあげて、出世《しゅっせ》の階段《かいだん》をかけあがってきた。金ヶ崎城《かながさきじょう》からの撤退《てったい》では、死亡率《しぼうりつ》の高《たか》いしんがりを秀吉《ひでよし》とともに引《ひ》きうけ、見事《みごと》に成功《せいこう》させている。比叡山《ひえいざん》焼《や》き打《う》ちのような嫌《いや》な役目《やくめ》でも、中心《ちゅうしん》となって活躍《かつやく》した。信長《のぶなが》の役《やく》には立《た》ってきたはずだ。

だが、相性《あいしょう》でいえば、まったく合《あ》わない。

つい先月《せんげつ》、家康《いえやす》の接待《せったい》を任《まか》されたときも、万全《ばんぜん》をつくしたつもりだが、なぜか強《つよ》く叱責《しっせき》された。信長《のぶなが》は天下《てんか》取《と》りを前《まえ》に、家臣《かしん》を整理《せいり》しはじめている。なにかで気《き》にさわったら終《お》わりだ。

（織田家《おだけ》に仕《つか》えていても先《さき》はない）

かといって、今《いま》さら行《い》くあてはない。ならば、いっそのこと……。

織田家《おだけ》の主《おも》だった武将《ぶしょう》たちは、それぞれ任《まか》された敵《てき》にあたっていて、今《いま》このとき、畿内《きない》にはだれもいなかった。

月末《げつまつ》に上洛《じょうらく》する信長《のぶなが》の周囲《しゅうい》が、ぽっかりと無防備《むぼうび》にあいているのだ。

天正十年《てんしょうじゅうねん》（一五八二年《ねん》）五月二十七日《がつにじゅうしちにち》。

光秀《みつひで》は、京《きょう》の愛宕神社《あたごじんじゃ》で、くじを引《ひ》いた。

「凶《きょう》」

と出《で》た。

また引《ひ》いたが、「凶《きょう》」。

つづけて引《ひ》いても、やはり「凶《きょう》」だった。

この時点《じてん》で、光秀《みつひで》の心《こころ》には、ある重大《じゅうだい》な決意《けつい》が固《かた》まっていた。

光秀《みつひで》の行《ゆ》くすえにとって、そして日本史《にほんし》にとって、重大《じゅうだい》きわまる決意《けつい》だった。

神《かみ》はその決意《けつい》に対《たい》し、「凶《きょう》」と答《こた》えた。

その翌日《よくじつ》、連歌《れんが》の会《かい》で、光秀《みつひで》はその決意《けつい》を、和歌《わか》によせて暗示《あんじ》した。

ときは今《いま》　天《あめ》が下《した》しる　五月《さつき》かな

古来《こらい》、和歌《わか》には秘密《ひみつ》のメッセージをふくめるもの。

「とき」は、美濃《みの》の「土岐《とき》」氏《し》の出身《しゅっしん》である光秀《みつひで》をさし、「行動《こうどう》を起《お》こすときは今《いま》だ」という意《い》味《み》にもかけている。なんの行動《こうどう》かというと、「天《あめ》が下《した》しる」、つまり「天下《てんか》とり」だ。

「五月《さつき》」は「さつき」、すなわち「殺気《さっき》」につながる。

いっぽう、信長《のぶなが》は——。

六月一日《がつついたち》。京《きょう》の本能寺《ほんのうじ》の書院《しょいん》で、茶会《ちゃかい》を開《ひら》いた。

茶会《ちゃかい》に騒々《そうぞう》しい物音《ものおと》がするのは、粋《いき》ではない。

信長《のぶなが》は警護《けいご》の者《もの》たちを遠《とお》ざけてしまった。

その夜《よる》、本能寺《ほんのうじ》に宿泊《しゅくはく》した信長《のぶなが》のまわりには、わずか百人《ひゃくにん》ばかりしかいなかった。

明智光秀《あけちみつひで》は、一万《まん》三千《ぜん》の兵《へい》を引《ひ》きつれ、丹波《たんば》の亀山城《かめやまじょう》を出《で》た。

あまりに重大《じゅうだい》な秘密《ひみつ》なので、兵《へい》たちにも目的《もくてき》はあかさない。みなそのまま中国《ちゅうごく》すじに向《む》かうものだと思《おも》っている。

信長《のぶなが》も、これまでの主要《しゅよう》な決戦《けっせん》では、直前《ちょくぜん》まで家臣《かしん》に作戦《さくせん》をあかさなかった。

事前《じぜん》に味方《みかた》から情報《じょうほう》がもれるのをふせぐためだ。

皮肉《ひにく》にも、光秀《みつひで》はそれを学《まな》んでいた。

打《う》ちあけたのは、京《きょう》に入《はい》り、桂川《かつらがわ》をこえたときだった。

「敵《てき》は本能寺《ほんのうじ》にあり」

一気《いっき》に緊張《きんちょう》が広《ひろ》がった。

が、このときになっても、兵《へい》たちの中《なか》には、信長《のぶなが》の命令《めいれい》で本能寺《ほんのうじ》に泊《と》まっている徳川家康《とくがわいえやす》を討《う》つのだと思《おも》った者《もの》もいた。

まさか、神《かみ》のごとき信長《のぶなが》に、自分《じぶん》たちの主君《しゅくん》が反逆《はんぎゃく》するなど、考《かんが》えられないことだった。


外《そと》が騒《さわ》がしい。

「なにごとだ」

浅《あさ》い眠《ねむ》りからさめた信長《のぶなが》は、最初《さいしょ》、家臣《かしん》たちのもめごとかと思《おも》った。

もめごとどころではないと気《き》づいたのは、鉄砲《てっぽう》の音《おと》がしてからだ。

「謀反《むほん》か」

すでに畿内《きない》は切《き》りしたがえている。残《のこ》る敵《てき》といえば、すべて地方《ちほう》の大名《だいみょう》だ。攻撃《こうげき》をしかけてくる者《もの》がいるとすれば、織田家中《おだかちゅう》の者《もの》の反逆《はんぎゃく》しかありえなかった。

「だれだ」

「明智《あけち》の軍勢《ぐんぜい》のようです」

小姓《こしょう》の森蘭丸《もりらんまる》が言《い》った。

「なに、光秀《みつひで》だと」

考《かんが》えもしないことだった。

「そうか」

あいつめ。反逆《はんぎゃく》をたくらんだか。

不覚《ふかく》だった。

(が、光秀《みつひで》。おまえが天下《てんか》を取《と》る器《うつわ》かよ)

こんな場合《ばあい》でも、信長《のぶなが》は自分《じぶん》がなすべきことを冷静《れいせい》に考《かんが》えていた。

弓《ゆみ》を取《と》って縁側《えんがわ》に出《で》ると、矢《や》をつがえ、明智《あけち》の兵《へい》を射《い》た。

強《つよ》い弓《ゆみ》から放《はな》たれる矢《や》は、ことごとく明智《あけち》の兵《へい》に命中《めいちゅう》した。額《ひたい》を射《い》ぬかれ、首《くび》をつらぬかれ、

胸《むね》を射《い》られて、明智兵《あけちへい》たちは棒《ぼう》が転《ころ》がるようにたおれていった。

明智方《あけちがた》の兵《へい》たちは、ひるんでいた。信長《のぶなが》の全身《ぜんしん》からみなぎる気迫《きはく》におされて、やすやすとは近《ちか》づけないのだった。

プツン、といきなり弓《ゆみ》の弦《つる》が切《き》れた。

信長《のぶなが》は新《あたら》しい弓《ゆみ》に取《と》りかえると、また矢《や》を放《はな》った。

日《ひ》ごろから弓術《きゅうじゅつ》の稽古《けいこ》をおこたっていない。機械的《きかいてき》なまでに正確《せいかく》な射術《しゃじゅつ》で、矢《や》つぎ早《ばや》に攻撃《こうげき》をあびせ、明智兵《あけちへい》の命《いのち》をかたっぱしから消《け》していった。

だが、敵《てき》の数《かず》が多《おお》すぎた。信長《のぶなが》の小姓《こしょう》たちも、明智軍《あけちぐん》と戦《たたか》ってつぎつぎにたおれた。

また弓《ゆみ》の弦《つる》が切《き》れたとき、

（もはや、これまでか）

信長《のぶなが》は覚悟《かくご》を決《き》めると、奥《おく》の書院《しょいん》にさがった。

残《のこ》っていた女《おんな》たちに、

「おまえたちは、もうよい。早《はや》く逃《に》げなさい」

と言《い》って、本能寺《ほんのうじ》から脱出《だっしゅつ》させた。

光秀《みつひで》のぬかりの無《な》さは知《し》りつくしている。自分《じぶん》の脱出《だっしゅつ》は不可能《ふかのう》だろう。

（だが、光秀《みつひで》。おまえに、おれの死体《したい》はやらん）

「人間《にんげん》五十年《ねん》　下天《げてん》のうちをくらぶれば　夢《ゆめ》まぼろしのごとくなり……」

危機《きき》におちいるたびに舞《ま》っていた「敦盛《あつもり》」の一節《いっせつ》が唇《くちびる》からもれた。

「ひとたび生《しょう》を得《え》て　滅《めっ》せぬ者《もの》のあるべきか……」

信長《のぶなが》は低《ひく》くつぶやきながら、燃《も》えさかる炎《ほのお》の中《なか》に入《はい》っていった。


「死体《したい》は見《み》つかったかっ」

光秀《みつひで》はヒステリックに叫《さけ》んだ。

「まだです。信長公《のぶながこう》のご遺体《いたい》は、どこにも見《み》つかりません」

「なぜだっ。なぜ見《み》つからん」

信長《のぶなが》は、本能寺《ほんのうじ》の奥書院《おくしょいん》にいたはずだ。

「逃《に》げだせるはずがあるか。もっと探《さが》せ！」

信長《のぶなが》が生《い》きていることは、光秀《みつひで》にとって恐怖以外《きょうふいがい》のなにものでもなかった。

信長《のぶなが》の長男《ちょうなん》、信忠《のぶただ》も、近《ちか》くの妙覚寺《みょうかくじ》から二条御所《にじょうごしょ》に移《うつ》ったところを取《と》り囲《かこ》み、切腹《せっぷく》させている。

が、信長《のぶなが》は見《み》つからないのだ。

そういえば、女《おんな》たちが脱出《だっしゅつ》していった――。

いつか村祭《むらまつ》りで織田家《おだけ》の者《もの》たちが仮装《かそう》をしたとき、信長《のぶなが》は女装《じょそう》して舞《ま》ったという話《はなし》を聞《き》いたことがある。美男《びなん》だけに、よく似合《にあ》っていたという。

（もしや、女《おんな》の着物《きもの》に着替《きが》え、身《み》をかがめて、女《おんな》たちにまぎれて出《で》ていったのではないか）

考《かんが》えはじめると、いても立《た》ってもいられなくなった。

光秀《みつひで》は、信長《のぶなが》の苛烈《かれつ》な性格《せいかく》を知《し》りつくしている。もし信長《のぶなが》が生《い》きていたら、反逆《はんぎゃく》をくわだてた自分《じぶん》は、これまでのだれよりも残酷《ざんこく》な方法《ほうほう》で殺《ころ》されるだろう。

紅蓮《ぐれん》の炎《ほのお》にまかれて、本能寺《ほんのうじ》は燃《も》え落《お》ちていく。

柱《はしら》が燃《も》えてたおれ、屋根《やね》がくずれた。

天正《てんしょう》十年《ねん》六月二日《がつふつか》の夜空《よぞら》をこがして、おびただしい火《ひ》の粉《こ》が舞《ま》いくるい、もうもうと黒煙《こくえん》があがった。

信長《のぶなが》の死体《したい》は、ついに見《み》つからなかった。

第《だい》二章《しょう》

信《のぶ》長《なが》の、びっくり！なるほど！エピソード集《しゅう》

第《だい》一章《しょう》では、伝記物語《でんきものがたり》という形《かたち》で、時代《じだい》の流《なが》れにそって織田信長《おだのぶなが》の人生《じんせい》をハイライトで読《よ》んでいただきました。

つづく第《だい》二章《しょう》では、信長《のぶなが》について伝《つた》わる有名《ゆうめい》な伝説《でんせつ》やエピソードを紹介《しょうかい》します。

どういうときに、どういう行動《こうどう》をとるかで、その人物《じんぶつ》が見《み》えてくるものです。

読《よ》んでいただくとわかりますが、各《かく》エピソードによって浮《う》かびあがってくる信長《のぶなが》の人物像《じんぶつぞう》は、かなり特殊《とくしゅ》です。

超人《ちょうじん》じゃないか、と思《おも》えるような話《はなし》もあり、あっとおどろくようなものもあります。いっぽうで、よく知《し》られているような「ざんこくなことでも平気《へいき》でやってしまう」というイメージとちがう一面《いちめん》も見《み》えてくるかもしれません。

織田信長《おだのぶなが》は、どういう人物《じんぶつ》だったのでしょうか？

信長《のぶなが》の「バケモノ退治《たいじ》」伝説《でんせつ》！

ある年《とし》の冬《ふゆ》のことです。冷《つめ》たい雨《あめ》が降《ふ》るさびしい夕方《ゆうがた》、清洲城《きよすじょう》近《ちか》くにある「あまが池《いけ》」という古池《ふるいけ》のそばで、真《ま》っ黒《くろ》な大蛇《だいじゃ》を見《み》たという者《もの》があらわれました。

目《め》は光《ひか》りかがやき、真《ま》っ赤《か》な舌《した》は先《さき》が分《わ》かれ、胴《どう》の太《ふと》さはひと抱《かか》えもあったそうです。

この話《はなし》が広《ひろ》まると、好奇心《こうきしん》の強《つよ》い信長《のぶなが》は、自分《じぶん》の目《め》で確認《かくにん》せずにはいられなくなりました。さっそくおおぜいの農民《のうみん》たちを集《あつ》め、数百《すうひゃく》の桶《おけ》を用意《ようい》させて、四時間《じかん》もかけて池《いけ》の水《みず》を替《か》えましたが、なにも出《で》てきません。

七割《わり》がた水《みず》が減《へ》ると、信長《のぶなが》は小刀《こがたな》を口《くち》にくわえ、池《いけ》にもぐって大蛇《だいじゃ》をさがしました。

しかし、蛇《へび》の姿《すがた》は見当《みあ》たりません。水《みず》からあがると、泳《およ》ぎの上手《じょうず》な家来《けらい》に、もう一度《いちど》もぐってさがさせましたが、それでも見《み》つからないので、大蛇《だいじゃ》のうわさはウソだということになりました。

見《み》ていた人《ひと》たちは、バケモノのような大蛇《だいじゃ》がいるかもしれない池《いけ》の中《なか》に、みずからもぐってさがす信長《のぶなが》の大胆《だいたん》な行動力《こうどうりょく》と勇気《ゆうき》におどろきました。

ふつう、殿《との》さまが自分《じぶん》で池《いけ》にもぐってまで確《たし》かめようとはしないものです。

「熱《ねっ》した鉄《てつ》をつかんだ」超人《ちょうじん》伝説《でんせつ》！

信長《のぶなが》が清洲城《きよすじょう》にいたころ、家臣《かしん》の左介《さすけ》という者《もの》が、仲間《なかま》の甚兵衛《じんべえ》の家《いえ》に盗《ぬす》みに入《はい》るという事件《じけん》が起《お》こりました。左介《さすけ》はしかし自分《じぶん》の罪《つみ》を認《みと》めなかったので、「火起請《ひぎしょう》」にかけられました。

火起請《ひぎしょう》というのは、熱《ねっ》した鉄《てつ》を持《も》たせ、それを落《お》とした者《もの》がウソをついている、とされるおそるべき裁判《さいばん》です。左介《さすけ》は当然《とうぜん》、熱《あつ》い鉄《てつ》を落《お》としてしまいました。

左介《さすけ》は、織田家中《おだかちゅう》の池田恒興《いけだつねおき》の家来《けらい》です。池田恒興《いけだつねおき》は、信長《のぶなが》の乳母《うば》の子《こ》なので、力《ちから》を持《も》っています。池田家《いけだけ》の者《もの》たちは、左介《さすけ》を処罰《しょばつ》させまいとして、騒《さわ》ぎになりました。

そこへ鷹狩《たかが》りの帰《かえ》りだった信長《のぶなが》が通《とお》りかかり、馬《うま》を止《と》めて「いったい、なんの騒《さわ》ぎだ」と、たずねました。そして、ひととおり話《はなし》を聞《き》くと、左介《さすけ》が落《お》としたのと同《おな》じぐらいに熱《ねっ》した鉄《てつ》を用意《ようい》させました。

「おれが、この鉄《てつ》を落《お》とさなかったら、左介《さすけ》は成敗《せいばい》しないといけないな」

信長《のぶなが》はそう言《い》うと、赤《あか》くなるまでカンカンに焼《や》いた鉄《てつ》の斧《おの》を平然《へいぜん》と手《て》に取《と》り、三歩《ぼ》あるいてそれを棚《たな》の上《うえ》に置《お》きました。

みんなおどろいて声《こえ》も出《で》ませんでした。左介《さすけ》は処罰《しょばつ》されたということです。

「楽市楽座《らくいちらくざ》」ってナニ？

織田信長《おだのぶなが》について教科書《きょうかしょ》などで習《なら》う内容《ないよう》に、よく「楽市楽座《らくいちらくざ》」という言葉《ことば》が出《で》てきます。市場《いちば》や座《ざ》（同業者《どうぎょうしゃ》の組合《くみあい》）を、楽《らく》に（自由化《じゆうか》）したという意味《いみ》です。

つまり、それまでは、ものを売《う》ることも自由《じゆう》ではなかったのです。座《ざ》の有力者《ゆうりょくしゃ》たちが権利《けんり》をにぎっていて、許《ゆる》しを得《え》るには、多額《たがく》のお金《かね》が必要《ひつよう》でした。もしそれをやぶったり、もうけすぎたりすると、店《みせ》を破壊《はかい》されてしまうこともあったといいます。これでは、経済《けいざい》が活発《かっぱつ》になりません。

関所《せきしょ》もそうです。地域《ちいき》によっては、わずか三里《り》（約《やく》十二キロ）のあいだに六十カ所《しょ》も関所《せきしょ》が設《もう》けられているところがあり、そこを通過《つうか》するごとにお金《かね》を払《はら》わなければいけないのですから、庶《しょ》民《みん》にとっては移動《いどう》すら難儀《なんぎ》な時代《じだい》だったのです。

永禄《えいろく》十年《ねん》（一五六七年《ねん》）、信長《のぶなが》が岐阜城《ぎふじょう》下《か》でそれらを廃止《はいし》したのは、世《よ》の中《なか》を大《おお》きく変《か》える政《せい》策《さく》でした。それまでの古《ふる》い制度《せいど》の中《なか》で利益《りえき》を得《え》ていた座《ざ》の者《もの》たちは、信長《のぶなが》を恨《うら》みましたが、多《おお》くの人々《ひとびと》はよろこび、結果《けっか》として、岐阜《ぎふ》の町《まち》は大《おお》いに栄《さか》え、経済的《けいざいてき》に大発展《だいはってん》をとげたのです。

そして、その利益《りえき》は、信長《のぶなが》の資金源《しきんげん》となりました。

もてなしの名人《めいじん》だった⁉

永禄《えいろく》十二年《ねん》（一五六九年《ねん》）、岐阜城《ぎふじょう》をおとずれた宣教師《せんきょうし》ルイス・フロイスは、信長《のぶなが》によって丁重《ていちょう》にもてなされた体験《たいけん》を、イエズス会報《かいほう》に記《しる》しています。

フロイスとロレンソのふたりは、岐阜城《ぎふじょう》を案内《あんない》され、はるか眼下《がんか》に広《ひろ》がる美濃《みの》と尾張《おわり》の風景《ふうけい》をながめたあと、とても美《うつく》しい着物《きもの》と白《しろ》い夏物《なつもの》の衣《ころも》をプレゼントされました。

「ここで着《き》てみなさい」と信長《のぶなが》に言《い》われ、袖《そで》を通《とお》してみると、「よく似合《にあ》っている」とやさしくほめられたそうです。

また、食事《しょくじ》も出《だ》されたのですが、その膳《ぜん》を給仕《きゅうじ》にまかせず、

「突然《とつぜん》のご訪問《ほうもん》で、たいしたものはないのだが」

と言《い》って、信長《のぶなが》が自分《じぶん》で運《はこ》んできたことにおどろいています。

信長《のぶなが》はフロイスたちに好意的《こういてき》でしたが、それにしても、一国《いっこく》の王《おう》が、みずから食膳《しょくぜん》を運《はこ》んでもてなすなど、ふつうでは考《かんが》えられません。フロイスたちは、当然《とうぜん》、感激《かんげき》しました。

人《ひと》の心《こころ》をするどく見《み》ぬく信長《のぶなが》は、人《ひと》をよろこばせる手腕《しゅわん》にかけても一流《いちりゅう》だったのです。

外国人《がいこくじん》の家臣《かしん》までいたの!?

大蛇《だいじゃ》の話《はなし》でもわかるように、信長《のぶなが》は興味《きょうみ》を持《も》ったことや疑《うたが》わしいことは、自分《じぶん》の目《め》でとことんまで確《たし》かめようとします。

天正《てんしょう》九年《ねん》（一五八一年《ねん》）、宣教師《せんきょうし》ヴァリニャーノが、アフリカからつれてきた黒人奴隷《こくじんどれい》を見《み》たときもそうでした。

「墨《すみ》を塗《ぬ》っているのだろう」

と信長《のぶなが》は考《かんが》えて、黒人《こくじん》の体《からだ》を洗《あら》わせました。肌《はだ》が真《ま》っ黒《くろ》な人間《にんげん》など、戦国時代《せんごくじだい》の日本人《にほんじん》は見《み》たことがないので、疑《うたが》うのは無理《むり》もありません。

信長《のぶなが》のやり方《かた》は何事《なにごと》につけても「徹底《てってい》」です。とことんまで洗《あら》わせましたが、それでも色《いろ》が変《か》わらなかったので、信長《のぶなが》はこれを事実《じじつ》として受《う》け入《い》れ、肌《はだ》が黒《くろ》い人間《にんげん》の存在《そんざい》を信《しん》じました。

めずらしいものが好《す》きな信長《のぶなが》は、この黒人奴隷《こくじんどれい》を「弥助《やすけ》」と名《な》づけました。

それから、武士《ぶし》の身分《みぶん》にして身近《みぢか》に置《お》き、家《いえ》まで与《あた》えました。奴隷《どれい》の出身《しゅっしん》だった弥助《やすけ》にしてみれば、夢《ゆめ》のような待遇《たいぐう》です。

本能寺《ほんのうじ》の変《へん》では、弥助《やすけ》は最後《さいご》まで戦《たたか》い、必死《ひっし》になって信長《のぶなが》を守《まも》ったといわれています。

新《あたら》しいものに目《め》がない!?

信長《のぶなが》の性格《せいかく》が分析《ぶんせき》されたとき、まずは敵《てき》に対《たい》する過激《かげき》なまでの攻撃性《こうげきせい》と、家臣《かしん》などに向《む》けられる疑《うたが》いぶかさ、そして、好奇心《こうきしん》の強《つよ》さがあげられます。

大蛇《だいじゃ》や弥助《やすけ》など、めずらしいものや、これまで見《み》たことのない新《あたら》しいものにも無関心《むかんしん》ではいられないようです。

宣教師《せんきょうし》が持《も》ってきた南蛮《なんばん》の道具《どうぐ》も、進《すす》んで取《と》りいれていました。

おそらくは知能《ちのう》が測定不可能《そくていふかのう》なほど高《たか》かった信長《のぶなが》は、異国《いこく》の文化《ぶんか》や道具《どうぐ》も、すんなりと受《う》けいれるだけの柔軟《じゅうなん》な頭脳《ずのう》を持《も》っていました。

地球儀《ちきゅうぎ》やワイン、コンペイトウ、マントなど、わたしたちがいだく戦国武将《せんごくぶしょう》のイメージとはかけはなれたものを、身近《みぢか》に置《お》くこともありました。

マントといえば、本書《ほんしょ》にもあるように、織田信長《おだのぶなが》を描《えが》いたイラストや映画《えいが》にも、よくビロードの長《なが》いマントをはおった姿《すがた》で登場《とうじょう》しています。

筋肉質《きんにくしつ》で美男子《びなんし》（イケメン）だった信長《のぶなが》は、戦国武将《せんごくぶしょう》たちの中《なか》でも、もっともマントが似合《にあ》う容姿《ようし》だったのではないでしょうか。秀吉《ひでよし》や家康《いえやす》では、ちょっと似合《にあ》いませんね。

ほんとは気《き》さくな大名《だいみょう》だった!?

信長《のぶなが》は規律《きりつ》にきびしい反面《はんめん》、領内《りょうない》の人々《ひとびと》と、気軽《きがる》に打《う》ちとけて話《はな》しあうようなところもあります。

清洲《きよす》にいたころの盆祭《ぼんまつ》りで、織田《おだ》の家臣《かしん》たちが仮装踊《かそうおど》りをしました。赤鬼《あかおに》や黒鬼《くろおに》、弁慶《べんけい》、鳥《とり》の
サギの扮装《ふんそう》などをする者《もの》がいる中《なか》で、信長《のぶなが》は天女《てんにょ》の姿《すがた》になって踊《おど》っています。

村人《むらびと》たちも返礼《へんれい》で踊《おど》ると、信長《のぶなが》は「おもしろい」とか「似合《にあ》っている」などと親《した》しく言葉《ことば》を返《かえ》し、ウチワであおいであげたり、「お茶《ちゃ》を飲《の》みなさい」とすすめたりしたので、村人《むらびと》たちはとても感動《かんどう》したという話《はなし》が残《のこ》っています。

天正《てんしょう》九年《ねん》（一五八一年《ねん》）の正月《しょうがつ》にも、信長《のぶなが》は、鷹狩《たかが》りで取《と》った大量《たいりょう》の鳥《とり》を、安土城下《あづちじょうか》の町人《ちょうにん》たちにプレゼントしました。町人《ちょうにん》たちはよろこんで、お礼《れい》としてお祝《いわ》いの能《のう》を演《えん》じ、えものをもらっています。

信長《のぶなが》は、少年時代《しょうねんじだい》から、村《むら》の子《こ》どもを集《あつ》めていくさの練習《れんしゅう》をしていたぐらいですから、身分《みぶん》の分《わ》けへだてには、もともとこだわりはなかったようです。人《ひと》を判断《はんだん》する基準《きじゅん》は、もっとべつのところにあったのでしょう。

「へし切《き》り長谷部《はせべ》」とは!?

「へし切《き》り長谷部《はせべ》」というのは、信長《のぶなが》が使《つか》っていた刀《かたな》の呼《よ》び名《な》です。長谷部国重《はせべくにしげ》という南北朝時《なんぼくちょうじ》代《だい》の刀工《とうこう》がつくったものですが、それに「へし切《き》る（押《お》しつけて切《き》る）」という意味《いみ》がつけられたのは、あるエピソードからきています。

ある日《ひ》、信長《のぶなが》は、自分《じぶん》に反逆《はんぎゃく》した観内《かんない》という茶坊主《ちゃぼうず》を、みずから斬《き》ろうとしました。

恐怖《きょうふ》にかられた観内《かんない》は、その場《ば》から逃《に》げだしました。これは逆効果《ぎゃくこうか》で、いさぎよく覚悟《かくご》を決《き》めるならともかく、このようなみっともない行動《こうどう》を、信長《のぶなが》は非常《ひじょう》に嫌《きら》います。

観内《かんない》は台所《だいどころ》まで逃《に》げて、お膳《ぜん》をならべている棚《たな》の下《した》に隠《かく》れました。

そこへ追《お》いかけてきた信長《のぶなが》は、刀《かたな》を棚《たな》の上《うえ》に押《お》しあて、そのまま下《した》に向《む》けて力《ちから》をこめました。

すると、まるで包丁《ほうちょう》で豆腐《とうふ》でも切《き》るように、刃《やいば》はなんの抵抗《ていこう》もなく、木製《もくせい》の棚《たな》をスーッと両断《りょうだん》し、下《した》にいた観内《かんない》まで一気《いっき》に斬《き》りすてたのです。

信長《のぶなが》は、馬《うま》や鷹《たか》にしても、刀《かたな》や茶器《ちゃき》などの道具《どうぐ》にしても、最高級《さいこうきゅう》のものしか愛好《あいこう》しませんが、それにしても、すさまじい切《き》れ味《あじ》です。

この出来事《できごと》から、刀《かたな》は「へし切《き》り長谷部《はせべ》」と呼《よ》ばれるようになったということです。

濃《こ》い味《あじ》つけが好《す》き！

天正元年《てんしょうがんねん》（一五七三年《ねん》）に、信長《のぶなが》が三好義継《みよしよしつぐ》に勝利《しょうり》したあとの話《はなし》です。

三好氏《みよしし》に仕《つか》えていた坪内《つぼうち》という料理人《りょうりにん》が、とても腕《うで》がいいという評判《ひょうばん》だったので、家臣《かしん》たちは信長《のぶなが》に、坪内《つぼうち》を召《め》しかかえるようにすすめました。

なにごとも自分《じぶん》で確認《かくにん》しないと気《き》がすまない信長《のぶなが》は、まず坪内《つぼうち》に料理《りょうり》をつくらせて判断《はんだん》することにしました。結果《けっか》は、

「なんだ、これは。水《みず》っぽくてまずい。食《く》えたものではない」

信長《のぶなが》の好《この》みではありませんでした。

坪内《つぼうち》は「どうか、もう一度《いちど》、おためしの機会《きかい》を」と、その翌日《よくじつ》、また料理《りょうり》を出《だ》すと、信長《のぶなが》はそれを大《おお》いに気《き》に入《い》って、坪内《つぼうち》を召《め》しかかえました。

坪内《つぼうち》はあとで「最初《さいしょ》は上品《じょうひん》な京風《きょうふう》の薄味《うすあじ》。つぎの日《ひ》に出《だ》したのは、田舎風《いなかふう》の濃《こ》い味《あじ》つけでした」と語《かた》り、信長《のぶなが》の味覚《みかく》は、しょせん田舎大名《いなかだいみょう》のものだとほのめかしています。

が、これは田舎《いなか》がどうこうというより、信長《のぶなが》の汗《あせ》の量《りょう》を知《し》らなかったのでしょう。運動《うんどう》によって失《うしな》われる塩分《えんぶん》が、三好氏《みよしし》とは比較《ひかく》にならなかったのです。

「山中《やまなか》の猿《さる》」を助《たす》けた！

天正《てんしょう》三年《ねん》（一五七五年《ねん》）、信長《のぶなが》が、美濃《みの》と近江《おうみ》の国境《くにざかい》にある山中《やまなか》という地《ち》を移動《いどう》するとき、道《みち》ばたにいつも見《み》かける物《もの》ごいがいました。「山中《やまなか》の猿《さる》」と呼《よ》ばれている男《おとこ》で、体《からだ》に障害《しょうがい》があり、雨《あめ》に濡《ぬ》れているその姿《すがた》を見《み》て、信長《のぶなが》はかわいそうに思《おも》いました。

つぎに京《きょう》へ行《い》くとき、信長《のぶなが》は山中《やまなか》の町《まち》の人々《ひとびと》を、男女《だんじょ》とも残《のこ》らず呼《よ》び集《あつ》めました。

みんな、尾張《おわり》の容赦《ようしゃ》ない殿《との》さまのうわさは聞《き》いています。

「いったい、なんの用件《ようけん》だろう……」とおそれながら集《あつ》まった人々《ひとびと》に、信長《のぶなが》は自分《じぶん》で用意《ようい》した二十反《たん》の高価《こうか》な木綿《もめん》をわたして言《い》いました。

「この木綿《もめん》の半分《はんぶん》を、おぬしたちに与《あた》える。残《のこ》りの費用《ひよう》で近所《きんじょ》に小屋《こや》を建《た》て、この物《もの》ごいの面倒《めんどう》を見《み》てやってくれ。それから、負担《ふたん》にならない程度《ていど》でいいから、米《こめ》も分《わ》けてやってくれるとうれしいのだが」

この思《おも》いがけない親切《しんせつ》とやさしさに、「山中《やまなか》の猿《さる》」はもちろん、町《まち》の人々《ひとびと》も涙《なみだ》を流《なが》して感激《かんげき》しました。

信長《のぶなが》には、このような面《めん》もあったのです。

竹生島《ちくぶしま》に参詣《さんけい》した日《ひ》の悲劇《ひげき》！

天正九年《てんしょうねん》（一五八一年《ねん》）、四月《がつ》。信長《のぶなが》は長浜《ながはま》＊の秀吉《ひでよし》の城《しろ》に出向《でむ》き、さらに琵琶湖《びわこ》をわたって、竹生島《ちくぶしま》に参詣《さんけい》しました。

竹生島《ちくぶしま》は、琵琶湖《びわこ》の北《きた》の端《はし》にある樹木《じゅもく》に覆《おお》われた島《しま》で、安土城《あづちじょう》からは、長浜《ながはま》を経由《けいゆ》して、陸路《りくろ》と水上《すいじょう》を合《あ》わせ往復《おうふく》で百《ひゃく》キロ以上《いじょう》の距離《きょり》です。まさか、その日《ひ》のうちに信長《のぶなが》がもどってくるとは、だれも思《おも》いません。

城《しろ》に残《のこ》っていた女中《じょちゅう》たちは、気《き》ばらしができると考《かんが》えて、外《そと》に出《で》ました。

ところが、信長《のぶなが》は帰《かえ》ってきました。これほどの長距離《ちょうきょり》でも、電光《でんこう》のような速度《そくど》で移動《いどう》するのです。城《しろ》にもどった信長《のぶなが》は、女中《じょちゅう》たちが仕事《しごと》を離《はな》れていることを知《し》ると、激怒《げきど》しました。

信長《のぶなが》は、このような隠《かく》れたずるさを、心《こころ》から嫌《きら》います。勝手《かって》に出《で》かけた女中《じょちゅう》たちをひとり残《のこ》らず殺《ころ》し、「どうか、お情《なさ》けを」と彼女《かのじょ》たちをかばった寺《てら》の長老《ちょうろう》も殺《ころ》してしまいました。

それにしても、自動車《じどうしゃ》などのないこの時代《じだい》、往復百《おうふくひゃく》キロ以上《いじょう》の道《みち》を日帰《ひがえ》りでもどってくるなんて、だれが予想《よそう》できたでしょう。

＊長浜《ながはま》……琵琶湖《びわこ》の北東側《ほくとうがわ》に面《めん》している土地《とち》。秀吉《ひでよし》が城主《じょうしゅ》の長浜城《ながはまじょう》があった。

寧《ね》々《ね》への手紙《てがみ》

　家臣《かしん》の藤吉郎《とうきちろう》（秀吉《ひでよし》）が長浜《ながはま》の城主《じょうしゅ》になった天正《てんしょう》四年《ねん》（一五七六年《ねん》）ごろ、女好《おんなず》きの藤吉郎《とうきちろう》の浮気《うわき》に困《こま》りはてた奥《おく》さんの寧々《ねね》が、信長《のぶなが》に相談《そうだん》をもちかけたことがありました。そのとき信長《のぶなが》が寧々《ねね》に答《こた》えて送《おく》った手紙《てがみ》が残《のこ》っています。

　現代語《げんだいご》に訳《やく》すと、つぎのような内容《ないよう》になります。

「このたびは、初《はじ》めての（安土城《あづちじょう》への）ご来訪《らいほう》、お会《あ》いできてうれしく、いただいた立派《りっぱ》な土産《みやげ》物《もの》の美《うつく》しさは、とても筆《ふで》に書《か》きつくせないほどです。とりわけ寧々《ねね》どのは、いつかお会《あ》いしたときよりも、十が二十になるほど美《うつく》しくなっている。藤吉郎《とうきちろう》が不満《ふまん》を口《くち》にするなど言語道断《ごんごどうだん》、あのハゲネズミには、あなたほどの美《うつく》しい妻《つま》は二度《にど》と出会《であ》えないでしょう。だからこれからは、あなたも自信《じしん》を持《も》って陽気《ようき》に、正妻《せいさい》らしく振《ふ》る舞《ま》い、つまらぬ嫉妬《しっと》などなさらぬよう。」

　まず土産物《みやげもの》へのていねいなお礼《れい》から入《はい》り、寧々《ねね》の外見《がいけん》をほめ、おだて、藤吉郎《とうきちろう》の浮気《うわき》に対《たい》していっしょに怒《おこ》ってやり、笑《わら》わせ、最後《さいご》はアドバイスでしめくくる。

　見事《みごと》な構成《こうせい》の中《なか》に、信長《のぶなが》の上品《じょうひん》さと頭《あたま》のよさ、ユーモア、そしてやさしさが、よくあらわれている手紙《てがみ》です。

信長《のぶなが》の好《す》きなもの① 相撲《すもう》

悪《わる》ガキだった少年時代《しょうねんじだい》から、いくさ遊《あそ》びや水練《すいれん》（水泳《すいえい》）など、体《からだ》を使《つか》う遊《あそ》びが大好《だいす》きだった信長《のぶなが》は、大人《おとな》になっても相撲《すもう》の大会《たいかい》を開《ひら》いています。永禄《えいろく》十三年《ねん》（一五七〇年《ねん》）三月三日《がつみっか》には、常楽寺《じょうらくじ》で近江《おうみ》の国中《くにじゅう》の力自慢《ちからじまん》を募集《ぼしゅう》して相撲《すもう》のトーナメントをおこないました。

信長《のぶなが》の身近《みぢか》に仕《つか》えた太田牛一《おおたぎゅういち》が書《か》き、もっとも信頼性《しんらいせい》の高《たか》い史料《しりょう》といわれる『信長公記《しんちょうこうき》』には、「たいとう」や「はし小僧《こぞう》」など、出場《しゅつじょう》した力士《りきし》たちの個性的《こせいてき》な名前《なまえ》が出《で》ています。「はし小僧《こぞう》」というのは、おそらく小僧《こぞう》のように小柄《こがら》で、すばしこい人《ひと》だったのでしょう。

天正《てんしょう》六年《ねん》（一五七八年《ねん》）二月《がつ》二十九日《にち》、安土山《あづちやま》（安土城《あづちじょう》）でおこなった興行《こうぎょう》では、三百人《びゃくにん》もの力士《りきし》を集《あつ》めた一大《だい》トーナメントを開《ひら》きました。三百人《びゃくにん》といえば、現代《げんだい》の格闘技《かくとうぎ》のイベントでも、これほどの規模《きぼ》のものはありません。

信長《のぶなが》は観戦《かんせん》を楽《たの》しみ、技《わざ》のすぐれた者《もの》をほめたたえるだけでなく、勝《か》ちぬいた力士《りきし》を召《め》しかかえるなどして、強《つよ》い家臣《かしん》を増《ふ》やしていました。

信長《のぶなが》の好《す》きなもの②

茶《ちゃ》の湯《ゆ》

信長《のぶなが》の趣味《しゅみ》のひとつとして知《し》られているのが、茶《ちゃ》の湯《ゆ》です。

武器《ぶき》を持《も》たずに入《はい》る茶室《ちゃしつ》は、静《しず》かな動作《どうさ》や会話《かいわ》を通《とお》して、相手《あいて》の人物《じんぶつ》の知性《ちせい》や教養《きょうよう》や品格《ひんかく》をじっくりと観察《かんさつ》できる場《ば》でもあります。

また信長《のぶなが》は、茶《ちゃ》をたてるだけでなく、それに使《つか》うめずらしい茶器《ちゃき》も集《あつ》めていました。

永禄《えいろく》十一年《ねん》（一五六八年《ねん》）に上洛《じょうらく》したとき、松永久秀《まつながひさひで》に「九十九茄子《つくもなす》（九十九髪《つくもがみ》ともいう）」という茶器《ちゃき》を献上《けんじょう》されています。九十九茄子《つくもなす》は、ナスのように小《ちい》さな丸《まる》っこい茶器《ちゃき》ですが、茶《ちゃ》の湯《ゆ》を愛《あい》する文化人《ぶんかじん》たちのあいだでは欲《ほ》しくてたまらない人《ひと》が多《おお》く、現代《げんだい》でいうプレミアがついて、その価値《かち》がはねあがっていたのです。信長《のぶなが》はそういうものを持《も》っていることで評判《ひょうばん》を高《たか》めたり、武功《ぶこう》をあげた家臣《かしん》に褒美《ほうび》として与《あた》えたりしていました。

信長《のぶなが》が、心《こころ》の底《そこ》で茶器《ちゃき》にどれほどの価値《かち》を認《みと》めていたのかはわかりませんが、欲《ほ》しがる人々《ひとびと》がいる以上《いじょう》、それを有効《ゆうこう》に使《つか》おうと考《かんが》えていたことはまちがいありません。

信長《のぶなが》の好《す》きなもの③ 鷹《たか》狩《が》り

信長《のぶなが》の趣味《しゅみ》として第《だい》一にあげられるほど熱中《ねっちゅう》していたのが、鷹狩《たかが》りです。鷹狩《たかが》りというのは、よく訓練《くんれん》した鷹《たか》を使《つか》って、野鳥《やちょう》や小動物《しょうどうぶつ》を獲《と》る狩猟《しゅりょう》で、ほかにも徳川家康《とくがわいえやす》が好《この》んでおこなっていたことが知《し》られています。

みずから野《の》に出《で》て、ねらった獲物《えもの》をしとめる鷹狩《たかが》りは、信長《のぶなが》の攻撃的《こうげきてき》な性格《せいかく》に合《あ》っていたのでしょう。よほど好《す》きだったらしく、本願寺《ほんがんじ》と戦《たたか》っている最中《さなか》や、天正《てんしょう》六年《ねん》（一五七八年《ねん》）に家臣《かしん》の荒木村重《あらきむらしげ》が反乱《はんらん》を起《お》こした騒《さわ》ぎの中《なか》でも、鷹狩《たかが》りには欠《か》かさず出《で》かけています。

信長《のぶなが》は、武具《ぶぐ》や茶器《ちゃき》など、道具《どうぐ》に凝《こ》りますから、当然《とうぜん》、鷹狩《たかが》りにしても、優秀《ゆうしゅう》な鷹《たか》には目《め》がありませんでした。

また、この趣味《しゅみ》が広《ひろ》く知《し》られていたため、信長《のぶなが》に近《ちか》づきたいと考《かんが》えている各地《かくち》の大名《だいみょう》たちが、鷹《たか》をプレゼントとして贈《おく》るようになり、それに対《たい》して書《か》かれた信長《のぶなが》のお礼《れい》の手紙《てがみ》もたくさん残《のこ》っています。

見《み》つからない死体《したい》

天正十年《てんしょうねん》（一五八二年《ねん》）六月二日《がつふつか》、本能寺《ほんのうじ》で炎《ほのお》の中《なか》に消《き》えていった信長《のぶなが》の死体《したい》は、ついに見《み》つかりませんでした。

これについては、さまざまな憶測《おくそく》が口《くち》にされています。『信長公記《しんちょうこうき》』では、はっきり「切腹《せっぷく》した」と書《か》かれています。そのとおり本能寺《ほんのうじ》の中《なか》で亡《な》くなっているとしたら、家臣《かしん》が首《くび》を持《も》って逃《に》げたのではないかという説《せつ》もあります。

もし信長自身《のぶながじしん》が逃《に》げのびていたとすると、彼《かれ》ほどの天才《てんさい》ですから、その後《ご》、なんらかの活動《かつどう》を起《お》こしているでしょう。そう考《かんが》えると、かりに本能寺《ほんのうじ》から脱出《だっしゅつ》していたとしても、すぐに亡《な》くなったのではないかと考《かんが》えるのが自然《しぜん》です。

新《あたら》しい史料《しりょう》が世《よ》に出《で》ないかぎり、真相《しんそう》は永遠《えいえん》に謎《なぞ》のままです。

それまで、だれも考《かんが》えつかなかった戦法《せんぽう》や政策《せいさく》を、いくつも打《う》ちだしてきた信長《のぶなが》のことですから、あるいは最期《さいご》の瞬間《しゅんかん》も、わたしたちには思《おも》いもつかないアイデアで、自分《じぶん》の死体《したい》を発見《はっけん》させないことに成功《せいこう》したのかもしれません。

第《だい》三章《しょう》

信《のぶ》長《なが》のまわりの個《こ》性《せい》的《てき》な人《ひと》たち

どうしてでしょうか。

戦《たたか》いがつづく乱世《らんせ》なのに、マンガでもゲームでも「戦国時代《せんごくじだい》」をテーマにした作品《さくひん》は、とても人気《にんき》があります。

それはおそらく、個性《こせい》の強《つよ》い人物《じんぶつ》がおおぜいいるからです。

戦国時代《せんごくじだい》の魅力《みりょく》は、彼《かれ》ら人物《じんぶつ》の魅力《みりょく》といっても言《い》いすぎではありません。

国《くに》、地位《ちい》、宗派《しゅうは》、家族《かぞく》、名誉《めいよ》、命《いのち》……。信長《のぶなが》だけではなく、だれもがみな、それぞれの守《まも》るべきものを背負《せお》い、野心《やしん》をいだきながら、一歩《いっぽ》まちがえればすべてを失《うしな》うというギリギリの戦《たたか》いの中《なか》で、懸命《けんめい》に生《い》きていました。

この章《しょう》では、信長《のぶなが》を取《と》りまく家族《かぞく》、家臣《かしん》、仲間《なかま》、そして敵《てき》たちを紹介《しょうかい》していきます。

信長《のぶなが》と信長《のぶなが》のまわりの主《おも》な人々《ひとびと》

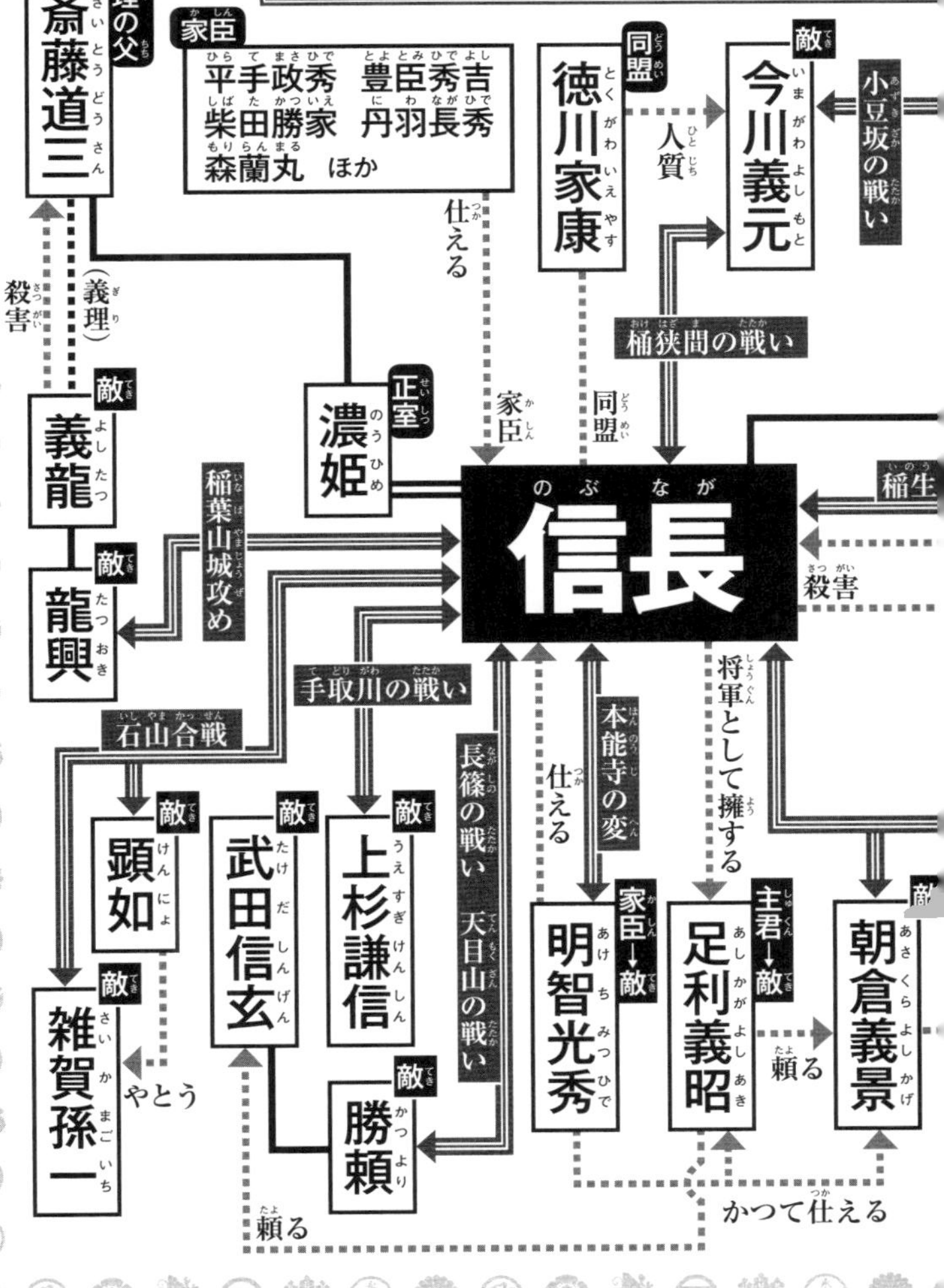

信長《のぶなが》の理解者《りかいしゃ》だった父《ちち》 織田信秀《おだのぶひで》

（一五一一〜一五五二年《ねん》）
（永正《えいしょう》八年《ねん》〜天文《てんぶん》二十一年《ねん》）

信長《のぶなが》の父親《ちちおや》で、親族《しんぞく》の中《なか》では、ただひとりの理解者《りかいしゃ》でもありました。

尾張《おわり》には、斯波氏《しばし》という守護《しゅご》がいます。信秀《のぶひで》は、その守護《しゅご》をささえる守護代《しゅごだい》の織田一族《おだいちぞく》の、さらに家臣《かしん》です。

しかし、いくさが上手《じょうず》で、つぎつぎに戦《たたか》いに勝《か》ち、さらに商業《しょうぎょう》が栄《さか》えていた津島《つしま》の町《まち》をおさえて、勢力《せいりょく》を大《おお》きくしていきました。いくさ以外《いがい》の経済的《けいざいてき》な感覚《かんかく》にもすぐれていたということです。

また、目的《もくてき》のためには、手段《しゅだん》を選《えら》ばない面《めん》もありました。

たとえば、那古野城《なごやじょう》は、はじめ今川氏豊《いまがわうじとよ》のものでしたが、同《おな》じ連歌《れんが》を趣味《しゅみ》にする仲間《なかま》として、泊《と》まりにくるようにさそわれた信秀《のぶひで》が、奪《うば》いとったのです。

話《はなし》が大《おお》いに盛《も》りあがって、信秀《のぶひで》は何日《なんにち》も泊《と》まりこみますが、やがて体《からだ》の具合《ぐあい》が悪《わる》くなったと言《い》って苦《くる》しみはじめます。そして「遺言《ゆいごん》を残《のこ》したいから、家臣《かしん》たちを城《しろ》の中《なか》に呼《よ》んでほしい」と頼《たの》んだのです。

心配《しんぱい》した氏豊《うじとよ》が、言《い》われたとおりにすると、重病《じゅうびょう》だったはずの信秀《のぶひで》は起《お》きあがり、その家臣《かしん》たちは、城《しろ》の中《なか》で氏豊《うじとよ》の家臣《かしん》たちを斬《き》って、城下《じょうか》に火《ひ》を放《はな》ったのです。氏豊《うじとよ》は城《しろ》から逃《に》げだしました。

信秀《のぶひで》は、仮病《けびょう》を使《つか》い、同《おな》じ趣味《しゅみ》をとおして交流《こうりゅう》したいと思《おも》っている相手《あいて》の信頼《しんらい》や同情《どうじょう》まで利用《りよう》し、城《しろ》をひとつ取《と》ったのです。

このような策《さく》を使《つか》わなくても、信秀《のぶひで》はじゅうぶんに強《つよ》く、天文《てんぶん》十一年《ねん》（一五四二年《ねん》）、小豆坂《あずきざか》の戦《たたか》い（第《だい》一次《じ》）で今川義元《いまがわよしもと》に勝利《しょうり》しています。信長《のぶなが》が九歳《さい》のころです。

信秀《のぶひで》が勝《か》てなかった相手《あいて》は、斎藤道三《さいとうどうさん》ぐらいでした。

守護代《しゅごだい》の家臣《かしん》という身分《みぶん》のまま、尾張《おわり》の下四郡《しもよんぐん》を実質《じっしつ》、自分《じぶん》のものにし、それが結果《けっか》として、信長《のぶなが》が活動《かつどう》できる基盤《きばん》を築《きず》くことになります。

信秀《のぶひで》は子《こ》だくさんでもあり、息子《むすこ》だけで十二人《にん》、娘《むすめ》が十四人《にん》もいました。

信長《のぶなが》は、その嫡男《ちゃくなん》です。

信秀《のぶひで》は、二歳《さい》になった信長《のぶなが》に那古野城《なごやじょう》をゆずり、自分《じぶん》は＊古渡城《ふるわたりじょう》へ、さらに末森城《すえもりじょう》に移《うつ》りますが、四十二歳《さい》のときに、はやり病《やまい》で急死《きゅうし》しました。

その葬儀《そうぎ》は、僧《そう》が三百人《びゃくにん》以上《いじょう》も集《あつ》まるほどの大規模《だいきぼ》なものでした。

＊古渡城《ふるわたりじょう》……那古野城《なごやじょう》の南《みなみ》2km《キロメートル》ほどの場所《ばしょ》にあった城《しろ》。

信長《のぶなが》への愛情《あいじょう》がうすかった母《はは》

土《ど》田《た》御《ご》前《ぜん》

?〜一五九四年《ねん》（?〜文禄《ぶんろく》三年《ねん》）

土田御前《どたごぜん》は「つちだごぜん」とも呼《よ》ばれ、信長《のぶなが》だけでなく、弟《おとうと》の信行《のぶゆき》、秀孝《ひでたか》、信包《のぶかね》、そして妹《いもうと》のお市《いち》や、お犬《いぬ》の生母《せいぼ》です。

生母《せいぼ》というのは、お乳《ちち》を与《あた》える役割《やくわり》の乳母《うば》と分《わ》けた呼《よ》び方《かた》で、実際《じっさい》におなかを痛《いた》めて産《う》んだ母親《ははおや》のことですが、信長《のぶなが》は、その生母《せいぼ》の土田御前《どたごぜん》に好《す》かれていませんでした。

もし、これを読《よ》んでいるみなさんのお母《かあ》さんが、ほかのきょうだいのほうをかわいがっていたり、自分《じぶん》を嫌《きら》っていたりしたら、どんな気持《きも》ちになるでしょう。

現代《げんだい》の感覚《かんかく》とちがうとはいえ、信長《のぶなが》の場合《ばあい》、それが深刻《しんこく》でした。土田御前《どたごぜん》は、あきらかに弟《おとうと》の信行《のぶゆき》をひいきして、織田家《おだけ》のあとつぎにと考《かんが》えていたのです。

信行《のぶゆき》が謀反《むほん》を起《お》こしたときも、必死《ひっし》になって信長《のぶなが》に頼《たの》み、許《ゆる》してもらっています。

土田御前《どたごぜん》は、信行《のぶゆき》よりも、市《いち》よりも、そして信長《のぶなが》や、孫《まご》の信忠《のぶただ》よりも長生《ながい》きし、本能寺《ほんのうじ》の変《へん》が起《お》こってから、十年《ねん》以上《いじょう》ものちに亡《な》くなっています。

信長《のぶなが》に反逆《はんぎゃく》した弟《おとうと》 織《お》田《だ》信《のぶ》行《ゆき》

一五三六年《ねん》～一五五七年《ねん》（天文《てんぶん》五年《ねん》～弘治《こうじ》三年《ねん》）

信長《のぶなが》とは二歳《さい》ちがいの弟《おとうと》で、母《はは》の土田御前《どたごぜん》から愛《あい》され、いっしょに末森城《すえもりじょう》に住《す》んでいました。父《ちち》・信秀《のぶひで》の葬儀《そうぎ》では、信長《のぶなが》が位牌《いはい》に抹香《まっこう》を投《な》げつけたのに対《たい》し、信行《のぶゆき》はきちんとした服装《ふくそう》で、礼《れい》儀作法《ぎさほう》も正《ただ》しかったことが記録《きろく》されています。

あるとき、信長《のぶなが》や信行《のぶゆき》たちの弟《おとうと》である秀孝《ひでたか》が、事故《じこ》で亡《な》くなりました。ひとりで馬《うま》に乗《の》っていて、信次《のぶつぐ》（信長《のぶなが》の叔父《おじ》）の前《まえ》を横切《よこぎ》ったので、信次《のぶつぐ》の家臣《かしん》が怒《おこ》っておどすつもりで矢《や》を射《う》ったところ、運悪《うんわる》く当《あ》たってしまったのです。

このとき、信行《のぶゆき》は怒《おこ》ってただちに叔父《おじ》の城《しろ》を攻《せ》めますが、信長《のぶなが》の反応《はんのう》はクールで、

「織田家《おだけ》の者《もの》が共《とも》も連《つ》れず、ひとりで馬《うま》に乗《の》っているとは、あきれたやつだ。たとえ生《い》きていても許《ゆる》せない」

と、むしろ死《し》んだ秀孝《ひでたか》を悪《わる》く言《い》いました。ふたりは兄弟《きょうだい》でありながら、ものの考《かんが》え方《かた》や日《ひ》ごろの行動《こうどう》が、ことごとく対照的《たいしょうてき》だったのです。

信行《のぶゆき》は、自分《じぶん》を支持《しじ》する勢力《せいりょく》におされて信長《のぶなが》に戦《たたか》いを挑《いど》み、敗《やぶ》れます（稲生《いのう》の戦《たたか》い。174ページ参照《さんしょう》）。一度《ど》は許《ゆる》されますが、二度目《どめ》の反逆《はんぎゃく》を実行《じっこう》する前《まえ》に、信長《のぶなが》に殺《ころ》されました。

戦国一《せんごくいち》の美女《びじょ》と名高《なだか》い妹《いもうと》

お市《いち》の方《かた》

一五四七年《ねん》〜一五八三年《ねん》
（天文《てんぶん》一六年《ねん》〜天正《てんしょう》十一年《ねん》）

信長《のぶなが》の十三歳《さい》も年下《としした》の妹《いもうと》。織田家《おだけ》は信長《のぶなが》もふくめて美男美女《びなんびじょ》の家系《かけい》といわれていますが、中《なか》でも市《いち》は、「四方《よも》さま」と呼《よ》ばれるほどの美女《びじょ》でした。その美《うつく》しさが四方《しほう》に知《し》れわたっている、という意味《いみ》ですから、よほど美《うつく》しかったのでしょう。信長《のぶなが》にも、かわいがられていたようです。

市《いち》は浅井長政《あざいながまさ》に嫁《とつ》ぎます。あきらかな政略結婚《せいりゃくけっこん》ですが、これは当時《とうじ》の大名家《だいみょうけ》ではめずらしくないことでしたから、市《いち》にとっても悲《かな》しみはなかったでしょう。長政《ながまさ》との夫婦仲《ふうふなか》は、とてもよかったと伝《つた》えられて、三人《にん》の娘《むすめ》をもうけています。

元亀元年《げんきがんねん》（一五七〇年《ねん》）、夫《おっと》の長政《ながまさ》が信長《のぶなが》を裏切《うらぎ》りますが、このとき両端《りょうはし》をしばった小豆袋《あずきぶくろ》を信長《のぶなが》に届《とど》けて、ゆく手《て》も退路《たいろ》もふさがれた危機《きき》を兄《あに》に知《し》らせたというエピソードがあります。ただし、事実《じじつ》かどうかはわかりません。

長政《ながまさ》が信長《のぶなが》に敗《やぶ》れて自害《じがい》し、三人《にん》の娘《むすめ》とともに信長《のぶなが》に保護《ほご》されましたが、天正《てんしょう》十年《ねん》（一五八二年《ねん》）に信長《のぶなが》も亡《な》くなったあとは、秀吉《ひでよし》と敵対《てきたい》した柴田勝家《しばたかついえ》の妻《つま》になります。

そして翌年《よくねん》、柴田勝家《しばたかついえ》が秀吉《ひでよし》との戦《たたか》い（賤ケ岳《しずがたけ》の戦《たたか》い）に敗《やぶ》れると、ともに自害《じがい》して市《いち》も三十七歳《さい》で亡《な》くなりました。

信長《のぶなが》の正室《せいしつ》は美濃《みの》のまむしの娘《むすめ》

濃姫《のうひめ》

一五三五年《ねん》～?（天文《てんぶん》四年《ねん》～?）

本名《ほんみょう》は「帰蝶《きちょう》」、あるいは「胡蝶《こちょう》」。信長《のぶなが》の正室《せいしつ》です。父《ちち》は斎藤道三《さいとうどうさん》、母《はは》は道三《どうさん》の正室《せいしつ》の小見《おみ》の方《かた》で、諸説《しょせつ》ありますが、明智光秀《あけちみつひで》とは、いとこ同士《どうし》の関係《かんけい》になります。

一般《いっぱん》に「濃姫《のうひめ》」や「お濃《のう》」と呼《よ》ばれていますが、これは「美濃《みの》から嫁《とつ》いできた姫《ひめ》」という程度《ていど》の意味《いみ》で、愛称《あいしょう》のようなものです。ほかにも「鷺山《さぎやま》どの」という通称《つうしょう》があります。

濃姫《のうひめ》が十四歳《さい》で嫁入《よめい》りする前《まえ》、道三《どうさん》は懐刀《かいとう》を与《あた》えて、

「もし信長《のぶなが》がうわさどおりのうつけだったら、この懐刀《かいとう》で刺《さ》し殺《ころ》すがよい」

と言《い》うと、その懐刀《かいとう》を受《う》けとった濃姫《のうひめ》は、

「でも、織田《おだ》の嫁《よめ》になったわたしは、この刃《やいば》の先《さき》を、父上《ちちうえ》に向《む》けるかもしれませんよ」

と答《こた》えたという有名《ゆうめい》なエピソードがあります。

信長《のぶなが》とのあいだに、子《こ》どもはなかったといわれています。

濃姫《のうひめ》については書《か》かれている史料《しりょう》が少《すく》なく、信長《のぶなが》の正室《せいしつ》なのに謎《なぞ》だらけの女性《じょせい》です。とくに晩年《ばんねん》は何歳《なんさい》まで生《い》きたのか、いつどこで亡《な》くなったのか、いろいろな説《せつ》がありますが、正確《せいかく》なことはわかっていません。

信長《のぶなが》が愛《あい》した側室《そくしつ》たち

信長《のぶなが》の側室《そくしつ》の中《なか》で、もっとも有名《ゆうめい》なのが、生駒《いこま》の方《かた》です。のちに「吉乃《きつの》」の名《な》で呼《よ》ばれるようになる女性《じょせい》で、嫡男《ちゃくなん》となる信忠《のぶただ》、二男《じなん》の信雄《のぶかつ》、徳姫《とくひめ》の産《う》みの母《はは》でもあります。

信長《のぶなが》は、正室《せいしつ》の濃姫《のうひめ》とのあいだには、あとつぎになる男子《だんし》がいなかったので、信忠《のぶただ》の母《はは》である生駒《いこま》の方《かた》が、その後《ご》、正室《せいしつ》あつかいになったともいわれます。徳姫《とくひめ》は、のちに徳川家康《とくがわいえやす》の長男《ちょうなん》、信康《のぶやす》に嫁《とつ》ぎます。

七男《なん》の信高《のぶたか》、八男《なん》の信吉《のぶよし》などの母《はは》である「お鍋《なべ》の方《かた》」も側室《そくしつ》として知《し》られています。

ほかにも、三男《なん》の信孝《のぶたか》を産《う》んだ坂氏《さかし》や、土方雄久《ひじかたかつひさ》の娘《むすめ》、原田直子《はらだなおこ》など、信長《のぶなが》には少《すく》なくとも十人《にん》は側室《そくしつ》がいました。当時《とうじ》の武家《ぶけ》にとって、あとつぎがいないと、家系《かけい》の断絶《だんぜつ》につながるため、現代《げんだい》では考《かんが》えられないほどの重大事《じゅうだいじ》でした。それに大名《だいみょう》の家《いえ》では、悪《わる》い言《い》い方《かた》をするなら、子《こ》どもは政略結婚《せいりゃくけっこん》に使《つか》える道具《どうぐ》でもありました。つまり、数《かず》が多《おお》いほど使《つか》い道《みち》があったのです。その意味《いみ》では、多《おお》くの側室《そくしつ》を持《も》ち子《こ》どもをつくることも、戦国《せんごく》の世《よ》を生《い》き残《のこ》るための重要《じゅうよう》な戦略《せんりゃく》のひとつだったといえます。

信長《のぶなが》には男女合《だんじょあ》わせて、全部《ぜんぶ》で二十二人《にん》の子《こ》どもがいたといわれます。

天才《てんさい》を父《ちち》に持《も》った息子《むすこ》たち

信長《のぶなが》の息子《むすこ》たちの中《なか》で、もっとも目立《めだ》った活躍《かつやく》があるのが、長男《ちょうなん》の信忠《のぶただ》です。長篠《ながしの》の戦《たたか》いをはじめ多《おお》くのいくさに参加《さんか》し、織田軍《おだぐん》をひきいて、天正《てんしょう》十年《ねん》（一五八二年《ねん》）の天目山《てんもくざん》の戦《たたか》いでは武田勝頼《たけだかつより》を滅《ほろ》ぼします。

信長《のぶなが》から家督《かとく》をゆずられて、正式《せいしき》に織田家《おだけ》のあとつぎとして認《みと》められますが、本能寺《ほんのうじ》の変《へん》が起《お》こったときにはいっしょに京《きょう》にいて、二条御所《にじょうごしょ》にこもり、明智軍《あけちぐん》と戦《たたか》ったあげく、自害《じがい》します。

信雄《のぶかつ》は信長《のぶなが》の二男《じなん》として知《し》られますが、一説《いっせつ》によると三男《さんなん》で、母同士《ははどうし》の立場《たちば》を考《かんが》えて順番《じゅんばん》を入《い》れかえられたともいわれています。のちに伊勢《いせ》を支配《しはい》する北畠具教《きたばたけとものり》の養子《ようし》になります。

信孝《のぶたか》は信長《のぶなが》の三男《なん》で、北伊勢《きたいせ》の神戸具盛《かんべとももり》の養子《ようし》になります。

ところで、信長《のぶなが》は、長男《ちょうなん》の幼名《ようみょう》（幼《おさな》いころの呼《よ》び名《な》）を「奇妙丸《きみょうまる》」とつけています。顔《かお》が奇妙《きみょう》だったから、というのが理由《りゆう》です。二男《じなん》の信雄《のぶかつ》の幼名《ようみょう》は「茶筅丸《ちゃせんまる》」。茶筅《ちゃせん》というのは、茶《ちゃ》をかきまわす道具《どうぐ》です。四男《なん》には、なぜか「次丸《つぎまる》」。信長《のぶなが》の、いっぷう変《か》わったセンスがうかがえます。

美濃《みの》の〝まむし〟と呼《よ》ばれた義理《ぎり》の父《ちち》

斎藤道三《さいとうどうさん》

一四九四年《ねん》〜一五五六年《ねん》
（明応《めいおう》三年《ねん》〜弘治《こうじ》二年《ねん》）

もとは京都《きょうと》の妙覚寺《みょうかくじ》という寺《てら》の僧侶《そうりょ》だったといわれます。知恵者《ちえしゃ》で武芸《ぶげい》の達人《たつじん》でもあり、「美濃《みの》のまむし」とあだ名《な》されたほどですから、もちろん一筋縄《ひとすじなわ》でいく人物《じんぶつ》ではありません。

僧侶《そうりょ》をやめて、京《きょう》で油屋《あぶらや》を営《いとな》んでいたころ、道三《どうさん》はおどろくべき演出《えんしゅつ》をしています。油《あぶら》を糸《いと》のように細《ほそ》くたらして、一文銭《もんせん》の真《ま》ん中《なか》の穴《あな》に通《とお》し、「もしこぼれたら料金《りょうきん》を取《と》らない」と言《い》って売《う》ったのです。これで大《おお》もうけして、財産《ざいさん》を築《きず》いたのですから、とんでもない集中力《しゅうちゅうりょく》です。

武士《ぶし》になって美濃《みの》に移《うつ》り、あふれんばかりの才能《さいのう》を発揮《はっき》して、守護代《しゅごだい》になります。

いくさが上手《じょうず》で、ついには強引《ごういん》に守護《しゅご》の土岐頼芸《ときよりなり》を追《お》いだして、美濃《みの》の国主《こくしゅ》にまでのぼりつめました。（以上《いじょう》の経歴《けいれき》の一部《いちぶ》は、道三《どうさん》の父親《ちちおや》のものという説《せつ》もあります）

娘《むすめ》の濃姫《のうひめ》を信長《のぶなが》のもとに嫁《とつ》がせますが、義理《ぎり》の息子《むすこ》の斎藤義龍《さいとうよしたつ》と長良川《ながらがわ》のほとりで戦《たたか》い、信長《のぶなが》の救援《きゅうえん》が間《ま》にあわずに戦死《せんし》しました。

信長《のぶなが》の武将《ぶしょう》としての器《うつわ》を見《み》ぬいていた道三《どうさん》は、最期《さいご》を迎《むか》えるときになって、信長《のぶなが》に「美濃《みの》をゆずる」という手紙《てがみ》を残《のこ》しています。

信長《のぶなが》を心配《しんぱい》しつづけた守《も》り役《やく》 平手政秀《ひらてまさひで》

一四九二年《ねん》～一五五三年《ねん》
（延徳《えんとく》四年《ねん》～天文《てんぶん》二十二年《ねん》）

戦国時代《せんごくじだい》、大名《だいみょう》の家《いえ》に生《う》まれた男児《だんじ》は、自立心《じりつしん》を養《やしな》って強《つよ》く育《そだ》つように、幼《おさな》いうちから実《じつ》の母《はは》親《おや》たちと別《わか》れて暮《く》らすことがありました。

信長《のぶなが》も、わずか二歳《さい》で那古野城《なごやじょう》の城主《じょうしゅ》になり、家族《かぞく》と離《はな》れて生活《せいかつ》しましたが、このときに世話《せわ》をする守《も》り役《やく》だったのが、平手政秀《ひらてまさひで》です。信長《のぶなが》にとっては、育《そだ》ての親《おや》のような存在《そんざい》だったのかもしれません。

その後《ご》も、平手政秀《ひらてまさひで》は、信長《のぶなが》が初陣《ういじん》に出《で》るとき、身《み》につける頭巾《ずきん》や羽織《はおり》やよろいの手配《てはい》をしたり、斎藤道三《さいとうどうさん》の娘《むすめ》である濃姫《のうひめ》と結婚《けっこん》するように取《と》りはからったり、信長《のぶなが》のために世話《せわ》を焼《や》きつづけました。

信長《のぶなが》を大切《たいせつ》に思《おも》い、かわいがっていたのはまちがいありませんが、残念《ざんねん》ながら、その並《なみ》はずれた才能《さいのう》の理解者《りかいしゃ》にはなれなかったようです。自分《じぶん》の息子《むすこ》と信長《のぶなが》とのあいだにトラブルが生《しょう》じたこともあり、「生《い》きている意味《いみ》がない」と言《い》って切腹《せっぷく》しました。

信長《のぶなが》は政秀《まさひで》のために、その名《な》を取《と》って「政秀寺《せいしゅうじ》」という寺《てら》を建《た》て、供養《くよう》しました。

信長《のぶなが》の天下《てんか》への道《みち》をささえた家臣《かしん》

豊《とよ》臣《とみ》秀《ひで》吉《よし》

一五三七年《ねん》〜一五九八年《ねん》
（天文《てんぶん》六年《ねん》〜慶長《けいちょう》三年《ねん》）

秀吉《ひでよし》は、尾張《おわり》は中村郷《なかむらごう》の貧《まず》しい百姓家《ひゃくしょうや》から、村《むら》を飛《と》びだして信長《のぶなが》に仕《つか》え、その能力《のうりょく》を認《みと》められて、どんどん出世《しゅっせ》していきました。信長《のぶなが》が亡《な》くなったあとは関白《かんぱく》、そして太閤《たいこう》にまでのぼりつめた日本史《にほんし》のスーパースターです。

いってみれば、秀吉《ひでよし》の人生《じんせい》は、どん底《ぞこ》に近《ちか》い境遇《きょうぐう》から、頂点《ちょうてん》へと駆《か》けあがったわけですが、それも織田信長《おだのぶなが》という主君《しゅくん》があってのことでした。

また、信長《のぶなが》にとっても、秀吉《ひでよし》がいなければ、天下取《てんかと》りの事業《じぎょう》がどれだけ遅《おく》れたかわかりません。

このふたりは、まるで定《さだ》められた運命《うんめい》のように、おたがいを必要《ひつよう》とする関係《かんけい》として出会《であ》ったのです。

秀吉《ひでよし》は、人《ひと》の心《こころ》をつかむ天才《てんさい》で、相手《あいて》がもとめているものがなんなのかを見《み》ぬき、自分《じぶん》の身《み》を犠牲《ぎせい》にしてまで、それを与《あた》えることにつとめました。

それは、ほかのライバルの武将《ぶしょう》にはない能力《のうりょく》です。秀吉自身《ひでよしじしん》が低《ひく》い身分《みぶん》の出身《しゅっしん》で、幼《おさな》いころから苦労《くろう》してきたからこそ、できたのかもしれません。

江戸時代初期《えどじだいしょき》に書《か》かれた『祖父物語《そふものがたり》』という史料《しりょう》に、こんなエピソードがのっています。

ある日《ひ》、下《した》から藤吉郎《とうきちろう》（秀吉《ひでよし》）がやってくるのを見《み》た信長《のぶなが》は、清洲城《きよすじょう》の門《もん》の二階《かい》から、板《いた》の節《ふし》穴《あな》を通《とお》し、秀吉《ひでよし》めがけておしっこを引《ひ》っかけました。

おどろいた秀吉《ひでよし》は、相手《あいて》が信長《のぶなが》だとわかると「ここでどう出《で》るか、自分《じぶん》はためされている。信《のぶ》長《なが》さまは、この場合《ばあい》、だまってガマンしている人間《にんげん》がお嫌《きら》いだろう」と瞬時《しゅんじ》に判断《はんだん》し、「いくら殿《との》でも、武士《ぶし》に小便《しょうべん》をかけるとは何事《なにごと》ですか！」と怒《おこ》ります。

信長《のぶなが》は「許《ゆる》せ。反応《はんのう》を見《み》たかったのだ」と言《い》って、秀吉《ひでよし》に仕事《しごと》をあたえたそうです。

読者《どくしゃ》のみなさんから見《み》ると、「この二人《ふたり》、なにやってるんだ」と思《おも》うでしょう。

大人《おとな》のくせに、しかも日本史上《にほんしじょう》の英雄《えいゆう》がそろって、こんなバカなやりとりをしていることに、あきれるかもしれません。

ですが、信長《のぶなが》なら、やりかねないと思《おも》いませんか？

信長《のぶなが》が本能寺《ほんのうじ》の変《へん》で亡《な》くなったとき、秀吉《ひでよし》は備中《びっちゅう》の高松城《たかまつじょう》を水攻《みずぜ》めにしていましたが、信長《のぶなが》の死《し》を知《し》るやいなや講和《こうわ》に持《も》ちこむと、信《しん》じられない速《はや》さで京《きょう》へと引《ひ》き返《かえ》しました（中国大返《ちゅうごくおおがえ》し）。

その数日後《すうじつご》、山崎《やまざき》の戦《たたか》いで光秀《みつひで》を討《う》ち、発言力《はつげんりょく》を高《たか》めた秀吉《ひでよし》は、天下取《てんかと》りの後継者《こうけいしゃ》の筆頭《ひっとう》に踊《おど》りでました。

いくさというものは、なによりも電光《でんこう》のような進軍《しんぐん》のスピードが勝敗《しょうはい》を分《わ》けるものであると、秀吉《ひでよし》は信長《のぶなが》の戦《たたか》いぶりから学《まな》んでいたのかもしれません。

信長《のぶなが》の"忠実《ちゅうじつ》な"同盟《どうめい》でありつづけた

徳川家康《とくがわいえやす》

一五四三年《ねん》〜一六一六年《ねん》（天文《てんぶん》十一年《ねん》〜元和《げんな》二年《ねん》）

「織田《おだ》がつき　羽柴《にしば》がこねし天下餅《てんかもち》　座《すわ》りしままに食《く》うは徳川《とくがわ》」

これは、江戸時代《えどじだい》になってからよまれた風刺《ふうし》の歌《うた》です。

信長《のぶなが》が土台《どだい》を築《きず》き、（羽柴《はしば》）秀吉《ひでよし》がそのあとを引《ひ》きついで整《ととの》えた天下《てんか》を、そのままもらい受《う》けるように、家康《いえやす》が自分《じぶん》のものにした、という意味《いみ》です。

しかし、家康《いえやす》の天下取《てんかと》りの過程《かてい》はきびしく、けっして順風満帆《じゅんぷうまんぱん》ではありませんでした。

信長《のぶなが》とは、最後《さいご》までかたい同盟《どうめい》を結《むす》んでいましたが、立場《たちば》としては大名同士《だいみょうどうし》でありながら、あたかも忠実《ちゅうじつ》な家臣《かしん》のように、信長《のぶなが》の要求《ようきゅう》にしたがいつづけました。

あとつぎとして期待《きたい》していた長男《ちょうなん》の信康《のぶやす》は信長《のぶなが》の娘《むすめ》・徳姫《とくひめ》と結婚《けっこん》しましたが、後《のち》に武田勝頼《たけだかつより》に内通《ないつう》しているという疑《うたが》いを信長《のぶなが》にかけられ、切腹《せっぷく》させています。

天正《てんしょう》十年《ねん》（一五八二年《ねん》）四月《がつ》、家康《いえやす》は、武田勝頼《たけだかつより》を滅《ほろ》ぼして、東海道《とうかいどう》を安土《あづち》に向《む》けて帰《かえ》る信長《のぶなが》の一行《いっこう》を浜松城《はままつじょう》でもてなしますが、その心《こころ》づかいは徹底《てってい》していました。

織田軍《おだぐん》が通《とお》る道路《どうろ》を整備《せいび》し、石《いし》を取《と》りのぞき、兵士《へいし》たちのためにも宿泊所《しゅくはくじょ》や休憩所《きゅうけいじょ》を各地《かくち》に設置《せっち》して、お酒《さけ》と食事《しょくじ》の用意《ようい》をしました。

道路《どうろ》には警備《けいび》の兵《へい》をおおぜいならべ、*天竜川《てんりゅうがわ》には橋《はし》までかけたのです。水量《すいりょう》が豊《ゆた》かで、流《なが》れの速《はや》い天竜川《てんりゅうがわ》に橋《はし》をかけたことを、『信長公記《しんちょうこうき》』では、「歴史《れきし》がはじまって以来《いらい》、初《はじ》めて」と表現《ひょうげん》しています。それも信長軍《のぶながぐん》を通《とお》すために、です。

これには信長《のぶなが》も感動《かんどう》して、その後《ご》、安土城《あづちじょう》に家康《いえやす》を招《まね》いたとき、「できるかぎりの手《て》をつくしてもてなせ」と家臣《かしん》（光秀《みつひで》であったともいわれます）に命《めい》じています。

筋肉質《きんにくしつ》だった信長《のぶなが》と対照的《たいしょうてき》に、家康《いえやす》の体《からだ》はでっぷりと太《ふと》っていたと記録《きろく》されていますが、剣術《けんじゅつ》や弓《ゆみ》や水練《すいれん》など、武術《ぶじゅつ》の腕前《うでまえ》は一流《いちりゅう》でした。

いくさにかけても、松平元康《まつだいらもとやす》と名《な》のっていた若《わか》いころから上手《じょうず》でした。

それも、野戦《やせん》においては天才《てんさい》だったといわれ、織田軍《おだぐん》といっしょに戦《たたか》った戦場《せんじょう》では、信長《のぶなが》のピンチを救《すく》ったこともあります。

信長《のぶなが》が亡《な》くなったあとも、家康《いえやす》は秀吉《ひでよし》の下《もと》で二十年近《ねんちか》くもガマンをつづけますが、秀吉《ひでよし》の死後《しご》、関《せき》ケ原《がはら》の戦《たたか》いに勝利《しょうり》し、さらに征夷大将軍《せいいたいしょうぐん》になって、徳川幕府《とくがわばくふ》を開《ひら》きます。

そして、大坂夏《おおさかなつ》の陣《じん》で豊臣家《とよとみけ》を滅《ほろ》ぼした翌年《よくとし》、七十五歳《さい》で亡《な》くなります。これは当時《とうじ》としては、異例《いれい》ともいえる高齢《こうれい》でした。

＊ 天竜川《てんりゅうがわ》……長野県《ながのけん》から愛知県《あいちけん》、静岡県《しずおかけん》を流《なが》れる川《かわ》。

〝なんでもできる〟有能《ゆうのう》な家臣《かしん》から敵《てき》に……

明智光秀《あけちみつひで》

一五二八年《ねん》～一五八二年《ねん》（享禄元年《きょうろくがんねん》～天正十年《てんしょうじゅうねん》）

信長《のぶなが》との関係《かんけい》があまりにも深《ふか》い明智光秀《あけちみつひで》ですが、若《わか》いころの経歴《けいれき》は明《あき》らかになっていません。

明智家《あけちけ》は、美濃《みの》の守護《しゅご》だった土岐氏《ときし》の一族《いちぞく》ですから、名家《めいけ》の出身《しゅっしん》です。

光秀《みつひで》は、はじめは斎藤道三《さいとうどうさん》に仕《つか》えていましたが、道三《どうさん》が斎藤義龍《さいとうよしたつ》に討《う》たれると、越前《えちぜん》の朝倉義《あさくらよし》景《かげ》のところに身《み》をよせていました。

そこで、同《おな》じく朝倉家《あさくらけ》を頼《たよ》ってきていた足利義昭《あしかがよしあき》と知《し》りあいます。義昭《よしあき》は上洛《じょうらく》して将軍《しょうぐん》になりたかったのですが、朝倉義景《あさくらよしかげ》がそれに協力《きょうりょく》する動《うご》きを見《み》せなかったため、交渉役《こうしょうやく》だった光秀《みつひで》も義《よし》景《かげ》のもとを出《で》て、信長《のぶなが》に仕《つか》えることになるのです。

光秀《みつひで》は多才《たさい》で、頭《あたま》がよく、軍略《ぐんりゃく》にくわしいうえ、鉄砲《てっぽう》がとても上手《じょうず》でした。百発《ひゃっぱつ》の弾《たま》を撃《う》って、三十センチ平方《へいほう》の的《まと》にすべて命中《めいちゅう》させ、そのうち六十八発《ぱつ》は、真《ま》ん中《なか》の黒《くろ》い部分《ぶぶん》を撃《う》ちぬいていたといいますから、まれに見《み》る名手《めいしゅ》です。

また、茶《ちゃ》の湯《ゆ》や和歌《わか》を趣味《しゅみ》とする文化人《ぶんかじん》でもあり、貴族《きぞく》の礼儀作法《れいぎさほう》にもくわしかったので、足《あし》利義昭《かがよしあき》や朝廷《ちょうてい》との交渉役《こうしょうやく》としても重宝《ちょうほう》されました。

いってみれば、ことなる分野《ぶんや》の仕事《しごと》でも器用《きよう》にこなせる賢《かしこ》いタイプの人物《じんぶつ》だったのです。

信長《のぶなが》は、家柄《いえがら》などにかまわず、どんなに身分《みぶん》の低《ひく》い者《もの》でも、能力《のうりょく》があれば大金《たいきん》を与《あた》えて引《ひ》きたて、どんどん出世《しゅっせ》させていきます。まずしい百姓《ひゃくしょう》の家《いえ》に生《う》まれた秀吉《ひでよし》や、甲賀《こうが》の忍《しの》び出身《しゅっしん》の滝川《たきがわ》一益《かずます》などが、その例《れい》です。

光秀《みつひで》も、四十一歳《さい》で信長《のぶなが》に仕《つか》えるという遅《おそ》いスタートでしたが、その能力《のうりょく》を認《みと》められて、一番《いちばん》の出世頭《しゅっせがしら》になりました。秀吉《ひでよし》とは、織田《おだ》家《け》の中《なか》で出世《しゅっせ》のライバルのような関係《かんけい》で、ずっと光秀《みつひで》がリードしていたのですが、最後《さいご》のほうではぬかれてしまいます。

本能寺《ほんのうじ》の変《へん》は、謎《なぞ》が多《おお》く、光秀《みつひで》が反逆《はんぎゃく》した理由《りゆう》がはっきりとわかっていません。疑《うたが》い深《ぶか》かった信長自身《のぶながじしん》が夢《ゆめ》にも思《おも》わなかったぐらいです。

家康《いえやす》の接待《せったい》に失敗《しっぱい》して責《せ》められたり、暴行《ぼうこう》を受《う》けたりしたことからの怨恨説《えんこんせつ》や、このまま織田《おだ》家《け》に仕《つか》えての将来《しょうらい》に不安《ふあん》を感《かん》じていたという説《せつ》、光秀自身《みつひでじしん》が天下《てんか》を取《と》りたかったという説《せつ》。ほかにも、実行犯《じっこうはん》は光秀《みつひで》ですが、裏《うら》にそそのかした者《もの》がいたという黒幕説《くろまくせつ》が有名《ゆうめい》です。

本能寺《ほんのうじ》の変《へん》のあと、光秀《みつひで》は頼《たよ》りにしていた武将《ぶしょう》たちの協力《きょうりょく》を得《え》られませんでした。

いっぽう、秀吉《ひでよし》は信《しん》じられないスピードでそのときにいた備中《びっちゅう》から引《ひ》き返《かえ》し、山崎《やまざき》の戦《たたか》いで光《みつ》秀《ひで》を討《う》ちとります。

光秀《みつひで》の天下《てんか》は、わずか十一日《にち》しかつづきませんでした。

"鬼柴田《おにしばた》"と呼《よ》ばれた豪快《ごうかい》な家臣《かしん》

柴田勝家《しばたかついえ》

一五二二年《ねん》～一五八三年《ねん》（大永《だいえい》二年《ねん》～天正《てんしょう》十一年《ねん》）

信長《のぶなが》の先代《せんだい》・信秀《のぶひで》のころから織田家《おだけ》の家臣《かしん》でしたが、信長《のぶなが》が家督《かとく》をつぐようになると、弟《おとうと》の信《のぶ》行《ゆき》に仕《つか》えるようになりました。やがて、弘治《こうじ》二年《ねん》（一五五六年《ねん》）、稲生《いのう》の戦《たたか》いで信長《のぶなが》に敗《やぶ》れると、信行《のぶゆき》の二度目《どめ》の謀反《むほん》を知《し》らせ、罪《つみ》を許《ゆる》されて、信長《のぶなが》のもとではたらくようになりました。

これは勝家《かついえ》が勇猛《ゆうもう》で、いくさにおいて使《つか》える人物《じんぶつ》であったからです。

事実《じじつ》、勝家《かついえ》は果敢《かかん》な戦《たたか》いぶりで、織田軍《おだぐん》きっての武勇《ぶゆう》をほこり、「鬼柴田《おにしばた》」や「甕割《かめわ》り柴田《しばた》」などの異名《いみょう》で呼《よ》ばれていました。

「甕割《かめわ》り柴田《しばた》」というのは、朝倉攻《あさくらぜ》めのときに、六角承禎《ろっかくじょうてい》によって水《みず》を断《た》たれてしまうのですが、城内《じょうない》の甕《かめ》に残《のこ》っている水《みず》を兵《へい》たちに飲《の》ませてから、まだ水《みず》が入《はい》っている残《のこ》りの甕《かめ》をすべて叩《たた》き割《わ》って気力《きりょく》を呼《よ》びおこしたという、勇《いさ》ましいエピソードからきています。

勝家《かついえ》は本能寺《ほんのうじ》の変後《へんご》、秀吉《ひでよし》と対立《たいりつ》し、天正《てんしょう》十一年《ねん》（一五八三年《ねん》）、賤ケ岳《しずがたけ》の戦《たたか》いで秀吉《ひでよし》に負《ま》けたあと、自害《じがい》します。このとき、勝家《かついえ》の妻《つま》となっていた信長《のぶなが》の妹《いもうと》・お市《いち》の方《かた》もいっしょに亡《な》くなりました。

〝米《こめ》五郎左《ごろうざ》〟と重宝《ちょうほう》された家臣《かしん》 丹《に》羽《わ》長《なが》秀《ひで》

一五三五年《ねん》～一五八五年《ねん》
（天文《てんぶん》四年《ねん》～天正《てんしょう》十三年《ねん》）

柴田勝家《しばたかついえ》とならんで、先代《せんだい》から織田家《おだけ》をささえてきた家老《かろう》ですが、「鬼柴田《おにしばた》」という勝家《かついえ》のあだ名《な》とは対照的《たいしょうてき》に、丹羽長秀《にわながひで》は「米五郎左《こめごろうざ》」と呼《よ》ばれていました。

五郎左《ごろうざ》というのは、長秀《ながひで》の名前《なまえ》です。「米《こめ》」というのは、いつも食《た》べているものですが、なくては困《こま》る、欠《か》かせない男《おとこ》という意味《いみ》がこめられています。

あまり目立《めだ》ったエピソードがなく、地味《じみ》な印象《いんしょう》のある丹羽長秀《にわながひで》ですが、信長《のぶなが》からの信頼《しんらい》は絶大《ぜつだい》で、織田軍《おだぐん》のほとんどの戦《たたか》いに参加《さんか》しています。信長《のぶなが》は無能《むのう》な人物《じんぶつ》をそばに置《お》きませんから、長《なが》秀《ひで》には、なにをやらせても上手《じょうず》にこなす能力《のうりょく》があったのでしょう。

その証拠《しょうこ》に、徳川家康《とくがわいえやす》の接待《せったい》や、安土城《あづちじょう》の建設《けんせつ》など、失敗《しっぱい》が許《ゆる》されない重要《じゅうよう》な役目《やくめ》を負《お》わされています。安土城《あづちじょう》というのは、前例《ぜんれい》のない設計《せっけい》でしたから、かなり難《むずか》しい任務《にんむ》だったはずですが、長秀《ながひで》はこれを信長《のぶなが》の希望《きぼう》どおりに完成《かんせい》させています（190ページ参照《さんしょう》）。

本能寺《ほんのうじ》の変《へん》のあと、織田家《おだけ》の後継者《こうけいしゃ》を決《き》める清洲会議《きよすかいぎ》では、織田信忠《おだのぶただ》の長男《ちょうなん》である三法師《さんぼうし》を支《し》持《じ》し、秀吉《ひでよし》の側《がわ》についています。

信《のぶ》長《なが》と最《さい》期《ご》をともにした 忠《ちゅう》実《じつ》な小《こ》姓《しょう》

森《もり》蘭《らん》丸《まる》

一五六五年《ねん》～一五八二年《ねん》
（永《えい》禄《ろく》八年《ねん》～天《てん》正《しょう》十年《ねん》）

織《お》田《だ》家《け》の勇将《ゆうしょう》・森可成《もりよしなり》の子《こ》で、信長《のぶなが》の身《み》のまわりの雑用《ざつよう》をこなす小姓《こしょう》のひとりです。殿《との》さまの近《ちか》くにはべる役目《やくめ》ですから、礼儀作法《れいぎさほう》をしっかりと身《み》につけていなければなりませんし、教養《きょうよう》もあり、また武芸《ぶげい》にも秀《ひい》でていました。

それに蘭丸《らんまる》は、よく気《き》がつく人物《じんぶつ》でした。

あるとき、信長《のぶなが》が「だれかいないか」と人《ひと》を呼《よ》び、小姓《こしょう》のひとりが来《き》ましたが、信長《のぶなが》はなにも言《い》いません。その小姓《こしょう》が出《で》ていくと、信長《のぶなが》はまた人《ひと》を呼《よ》びました。べつの小姓《こしょう》が来《き》ましたが、信長《のぶなが》はやはりなにも言《い》いません。その小姓《こしょう》が去《さ》り、信長《のぶなが》がまた人《ひと》を呼《よ》ぶと、今度《こんど》は蘭丸《らんまる》が来《き》ました。

信長《のぶなが》は今度《こんど》も無言《むごん》でしたが、蘭丸《らんまる》は部屋《へや》を出《で》るとき、足《あし》もとの小《ちい》さなゴミに気《き》づいて、それを懐《ふところ》に入《い》れ、去《さ》っていきました。なにも言《い》わなくても、言《い》いたいことを読《よ》みとった蘭丸《らんまる》のおこないに、信長《のぶなが》はたいへん満足《まんぞく》したそうです。

蘭丸《らんまる》は本能寺《ほんのうじ》の変《へん》で、信長《のぶなが》とともに最後《さいご》まで戦《たたか》い、十八歳《さい》で亡《な》くなりました。

若《わか》き日《ひ》の信長《のぶなが》の前《まえ》に立《た》ちはだかった敵《てき》

今《いま》川《がわ》義《よし》元《もと》

一五一九年《ねん》～一五六〇年《ねん》（永正《えいしょう》一六年《ねん》～永禄《えいろく》三年《ねん》）

駿河《するが》、三河《みかわ》、遠江《とおとうみ》をおさめる強大《きょうだい》な勢力《せいりょく》を持《も》っていた大大名《だいだいみょう》です。その実力《じつりょく》から「海道一《かいどういち》の弓《ゆみ》取《と》り」といわれていました。

家格《かかく》も高《たか》く、足利将軍家《あしかがしょうぐんけ》とは親戚《しんせき》で、足利家《あしかがけ》にあとつぎとなる男子《だんし》がいない場合《ばあい》、三河《みかわ》の吉良《きら》家《け》から養子《ようし》を取《と》り、吉良家《きらけ》にも男子《だんし》がいなければ今川家《いまがわけ》から養子《ようし》を出《だ》す、とまでいわれるほどの名家《めいけ》でした。

甲斐《かい》の武田信玄《たけだしんげん》、相模《さがみ》の北条氏康《ほうじょううじやす》と、たがいに姻戚関係《いんせきかんけい》からなる三国同盟《さんごくどうめい》を結《むす》んで、上洛《じょうらく》をはじめます。

その途中《とちゅう》にある尾張《おわり》などは、弱小《じゃくしょう》も弱小《じゃくしょう》で、軍事力《ぐんじりょく》を比較《ひかく》しても、義元《よしもと》にとっては相手《あいて》にもならない存在《そんざい》でした。義元《よしもと》は、まさか信長《のぶなが》に負《ま》けるなど、想像《そうぞう》すらしていなかったでしょう。

しかし、負《ま》けたのです。油断《ゆだん》していたとしかいいようがありません。

信長《のぶなが》は、その油断《ゆだん》を突《つ》きました。どんなに強《つよ》い者《もの》でも、油断《ゆだん》があれば負《ま》けてしまいます。

そのときに悔《く》やんでも遅《おそ》いのです。

信長《のぶなが》も後年《こうねん》、本能寺《ほんのうじ》でそれを経験《けいけん》することになります。

室《むろ》町《まち》幕《ばく》府《ふ》最《さい》後《ご》の将《しょう》軍《ぐん》 足《あし》利《かが》義《よし》昭《あき》

一五三七年《ねん》～一五九七年《ねん》
（天文《てんぶん》六年《ねん》～慶長《けいちょう》二年《ねん》）

幼《おさな》いころから「覚慶《かくけい》」と名《な》のり、長《なが》く僧侶《そうりょ》の生活《せいかつ》を送《おく》っていましたが、十三代将軍《だいしょうぐん》だった兄《あに》の義輝《よしてる》が殺《ころ》されると、僧侶《そうりょ》をやめて「足利義秋《あしかがよしあき》」と名《な》をあらためます。その後《ご》、朝倉義景《あさくらよしかげ》のところに身《み》を寄《よ》せてから、明智光秀《あけちみつひで》の誘《さそ》いで信長《のぶなが》を頼《たよ》るようになりました。

義昭《よしあき》と名《な》を変《か》えて念願《ねんがん》の十五代将軍《だいしょうぐん》につくと、政治《せいじ》の権限《けんげん》を持《も》たされない不満《ふまん》から信長《のぶなが》と対立《たいりつ》し、あちこちの大名《だいみょう》に呼《よ》びかけて「信長包囲網《のぶながほういもう》」を築《きず》きますが、やがて敗《やぶ》れて京《きょう》の都《みやこ》から追放《ついほう》されます。

信長《のぶなが》は短気《たんき》で激情家《げきじょうか》に見《み》えますが、行動《こうどう》の結果《けっか》を計算《けいさん》しつくしています。自分《じぶん》が「反逆者《はんぎゃくしゃ》」になれば、のちの政治《せいじ》に影響《えいきょう》することを考《かんが》えて、義昭《よしあき》を殺《ころ》しませんでした。

そのかわり、庶民《しょみん》の前《まえ》で大恥《おおはじ》をかかせて、完全《かんぜん》に権威《けんい》を失《うしな》わせるように演出《えんしゅつ》します。

元亀《げんき》四年《ねん》（一五七三年《ねん》）七月《がつ》、義昭《よしあき》を京《きょう》から追放《ついほう》したとき、秀吉《ひでよし》を警護《けいご》につけて、三好義継《みよしよしつぐ》のいる河内《かわち》の若江城《わかえじょう》まで送《おく》りますが、ふだんは美《うつく》しく飾《かざ》った輿《こし》に乗《の》ってゆく女性《じょせい》たちまで歩《ある》かせ、街道《かいどう》で興味《きょうみ》を持《も》って見物《けんぶつ》に集《あつ》まった人々《ひとびと》に、そのみすぼらしく落《お》ちぶれたさまを強《つよ》く印象《いんしょう》づけました。人々《ひとびと》は「貧乏将軍《びんぼうしょうぐん》」と言《い》ってあざ笑《わら》ったといいます。

大国《たいこく》・越前《えちぜん》の領主《りょうしゅ》であった敵将《てきしょう》

朝倉義景《あさくらよしかげ》

一五三三年《ねん》〜一五七三年《ねん》
(天文《てんぶん》二年《ねん》〜天正元年《てんしょうがんねん》)

越前《えちぜん》を支配《しはい》する朝倉家《あさくらけ》の当主《とうしゅ》ですが、はじめは家臣《かしん》の朝倉宗滴《あさくらそうてき》に補佐《ほさ》されていました。宗滴《そうてき》は、いくさにも政治《せいじ》にも実力《じつりょく》を発揮《はっき》して、朝倉家《あさくらけ》を豊《ゆた》かにした人物《じんぶつ》です。その宗滴《そうてき》が亡《な》くなると、越前《えちぜん》の国内《こくない》は乱《みだ》れ、人々《ひとびと》の心《こころ》が離《はな》れて、義景《よしかげ》の力《ちから》ではまとめきれなくなっていきます。

古《ふる》くて格式《かくしき》の高《たか》い大名家《だいみょうけ》だけに、義景《よしかげ》には貴族《きぞく》のような面《めん》があり、文化的《ぶんかてき》な教養《きょうよう》はあるのですが、武将《ぶしょう》としての決断力《けつだんりょく》はなく、優柔不断《ゆうじゅうふだん》で「石橋《いしばし》を叩《たた》いてわたらない」ような人物《じんぶつ》でした。足利義昭《あしかがよしあき》や武田信玄《たけだしんげん》からも、それぞれ行動《こうどう》を起《お》こすように催促《さいそく》されていますが、いずれも反応《はんのう》しなかったり、いくさの重要《じゅうよう》な場面《ばめん》でも腰《こし》が引《ひ》けてチャンスをのがしたりしています。決断力《けつだんりょく》という点《てん》では、思《おも》いきりがよく大胆《だいたん》な信長《のぶなが》とは対照的《たいしょうてき》です。

天正元年《てんしょうがんねん》(一五七三年《ねん》)、信長《のぶなが》が近江《おうみ》の小谷城《おだにじょう》を攻《せ》めると、同盟《どうめい》を結《むす》んでいた浅井家《あざいけ》を助《たす》けるために出陣《しゅつじん》しますが、これまでの頼《たよ》りない行動《こうどう》から、家臣《かしん》たちに見《み》すてられ、越前《えちぜん》の中心都市《ちゅうしんとし》である一乗谷《いちじょうだに》まで追《お》いこまれたあげく、親族《しんぞく》の朝倉景鏡《あさくらかげあきら》に裏切《うらぎ》られて自害《じがい》しました(181ページ参照《さんしょう》)。

妹《いもうと》の夫《おっと》、しかし信長《のぶなが》を裏切《うらぎ》ったことで敵《てき》に……

浅井長政《あざいながまさ》

一五四五年《ねん》～一五七三年《ねん》
（天文《てんぶん》十四年《ねん》～天正元年《てんしょうがんねん》）

北近江《きたおうみ》の大名《だいみょう》で、十五歳《さい》のころから、家臣《かしん》たちが感動《かんどう》するほどのあざやかないくさぶりを見《み》せていた強《つよ》い武将《ぶしょう》です。

信長《のぶなが》の妹《いもうと》・お市《いち》と結婚《けっこん》し、仲《なか》のいい夫婦《ふうふ》として知《し》られていました。信長《のぶなが》にとっては義弟《ぎてい》であり、同盟《どうめい》を結《むす》んでいましたが、同時《どうじ》に、越前《えちぜん》の朝倉家《あさくらけ》とも古《ふる》くから親《した》しい交流《こうりゅう》があったので、信長《のぶなが》が越前《えちぜん》を攻《せ》めたことで、織田《おだ》との同盟関係《どうめいかんけい》はなくなります。

その後《ご》、朝倉義景《あさくらよしかげ》と連合《れんごう》して信長《のぶなが》との戦《たたか》いをつづけますが、天正元年《てんしょうがんねん》（一五七三年《ねん》）、信長軍《のぶながぐん》が小谷城《おだにじょう》を攻撃《こうげき》して、父《ちち》・久政《ひさまさ》が亡《な》くなります。長政《ながまさ》も降伏《こうふく》のすすめを拒否《きょひ》して自害《じがい》しました（181ページ参照）。このとき、二十九歳《さい》の若《わか》さでした。

妻《つま》のお市《いち》と、彼女《かのじょ》とのあいだにもうけた娘《むすめ》たちは、小谷城《おだにじょう》から逃《に》げおちます。三人《にん》の娘《むすめ》のうち、長女《ちょうじょ》の茶々《ちゃちゃ》はのちに豊臣秀吉《とよとみひでよし》の側室《そくしつ》となり、淀《よど》どのと呼《よ》ばれて権力《けんりょく》をふるいます。次女《じじょ》の初《はつ》は若狭《わかさ》*の大名《だいみょう》・京極高次《きょうごくたかつぐ》に嫁《とつ》ぎ、三女《じょ》の江《ごう》は、何回《なんかい》かの結婚《けっこん》と離別《りべつ》のあと、徳川《とくがわ》幕府《ばくふ》の二代将軍《だいしょうぐん》・秀忠《ひでただ》の妻《つま》になりました。

＊若狭《わかさ》……現在《げんざい》の福井県《ふくいけん》の南西部《なんせいぶ》あたり。

美濃《みの》斎藤家《さいとうけ》三代目《だいめ》、稲葉山城《いなばやまじょう》攻《ぜ》めの際《さい》の敵《てき》 斎藤龍興《さいとうたつおき》

一五四八年《ねん》〜一五七三年《ねん》
（天文《てんぶん》十七年《ねん》〜天正元年《てんしょうがんねん》）

病気《びょうき》で亡《な》くなった父《ちち》・斎藤義龍《さいとうよしたつ》のあとをついで、美濃《みの》の領主《りょうしゅ》になった龍興《たつおき》ですが、平凡《へいぼん》な人物《じんぶつ》で、酒《さけ》びたりの日々《ひび》をおくり、いつも女性《じょせい》と遊《あそ》んでいたので、評価《ひょうか》は高《たか》くありません。ふだんのおこないをいさめるために、家臣《かしん》の竹中半兵衛《たけなかはんべえ》がわずか十六人《にん》をひきいて稲葉山城《いなばやまじょう》を簡単《かんたん》に乗《の》っとってしまったほどです（その後《ご》、城《しろ》は返《かえ》されます）。

信長《のぶなが》は美濃《みの》を攻略《こうりゃく》するのに十年《ねん》ほどかかりましたが、それは龍興《たつおき》の実力《じつりょく》というよりも、道三《どうさん》が建《た》てた稲葉山城《いなばやまじょう》が攻《せ》めづらい名城《めいじょう》だったことや、竹中半兵衛《たけなかはんべえ》や美濃《みの》三人衆《にんしゅう》（安藤守就《あんどうもりなり》、氏家卜全《うじいえぼくぜん》、稲葉一鉄《いなばいってつ》）といった有能《ゆうのう》な家臣《かしん》にめぐまれていたことが大《おお》きな理由《りゆう》です。

事実《じじつ》、秀吉《ひでよし》の誘《さそ》いで半兵衛《はんべえ》や美濃《みの》三人衆《にんしゅう》が織田方《おだがた》に寝返《ねがえ》ると、あっさりと稲葉山城《いなばやまじょう》は落《お》ち、信長《のぶなが》は美濃《みの》を手《て》に入《い》れます（176ページ参照《さんしょう》）。

龍興《たつおき》は脱出《だっしゅつ》しましたが、このとき、まだ二十歳《はたち》でした。

その後《ご》、龍興《たつおき》は越前《えちぜん》の朝倉義景《あさくらよしかげ》のところで保護《ほご》されていましたが、義景《よしかげ》と信長《のぶなが》との戦《たたか》いに参加《さんか》し、天正元年《てんしょうがんねん》（一五七三年《ねん》）に二十六歳《さい》で亡《な》くなっています。

信長《のぶなが》がもっともおそれた!?武将《ぶしょう》

武田信玄《たけだしんげん》

一五二一年《ねん》〜一五七三年《ねん》(大永元年《だいえいがんねん》〜元亀四年《げんきねん》)

さまざまな強敵《きょうてき》がいる中《なか》で、信長《のぶなが》がもっとも恐《おそ》れた相手《あいて》をひとりだけあげるなら、それは武田《たけだ》信玄《しんげん》にほかなりません。信玄自身《しんげんじしん》がいくさの天才《てんさい》でしたが、それに加《くわ》えて甲斐《かい》は兵《へい》が強《つよ》く、家臣《かしん》たちの結束《けっそく》も強《つよ》かったので、武田軍《たけだぐん》は向《む》かうところ敵《てき》なしの強《つよ》さでした。

信長《のぶなが》は、敵《てき》の戦力《せんりょく》を分析《ぶんせき》するときに、自分《じぶん》にとって都合《つごう》のいい願望《がんぼう》や楽観《らっかん》はしません。現実的《げんじつてき》に考《かんが》えて信玄《しんげん》は自分《じぶん》より強《つよ》いと判断《はんだん》し、それからは徹底《てってい》して下手《したて》に出《で》る戦略《せんりゃく》をもちいました。

つぎつぎに高価《こうか》な贈《おく》りものを届《とど》け、信玄《しんげん》も信長《のぶなが》の誠意《せいい》を信《しん》じて、のちに息子《むすこ》・勝頼《かつより》のもとへ、信長《のぶなが》から娘《むすめ》(実《じつ》は養女《ようじょ》)の嫁入《よめい》りの願《ねが》いがあったときも、こころよく応《おう》じました。

さて、いくさでは無敵《むてき》の強《つよ》さをほこる信玄《しんげん》ですが、意外《いがい》な弱点《じゃくてん》がありました。

それは、イモムシです。子《こ》どものころからチョウや蛾《が》の幼虫《ようちゅう》が大《だい》の苦手《にがて》で、江戸時代後期《えどじだいこうき》に書《か》かれた『甲子夜話《かっしやわ》』という史料《しりょう》には、信玄《しんげん》が家臣《かしん》に言《い》われて大《おお》きなイモムシをさわったとたん、真《ま》っ青《さお》になってしまったというエピソードがのっています。

三方《みかた》ケ原《がはら》の戦《たたか》いで、武田《たけだ》の騎馬隊《きばたい》に対《たい》し、家康《いえやす》が「イモムシ隊《たい》」を編成《へんせい》して信玄《しんげん》の本陣《ほんじん》を攻撃《こうげき》したら、もしかしたら勝《か》っていたかもしれません(これは冗談《じょうだん》)。

戦術《せんじゅつ》の天才《てんさい》。信長《のぶなが》も一目《いちもく》おいた武将《ぶしょう》 上杉謙信《うえすぎけんしん》

一五三〇年《ねん》～一五七八年《ねん》（享禄《きょうろく》三年《ねん》～天正《てんしょう》六年《ねん》）

第《だい》一章《しょう》ではふれられませんでしたが、越後《えちご》の領主《りょうしゅ》で、軍神《ぐんしん》の化身《けしん》ともいわれる戦術《せんじゅつ》の天才《てんさい》です。

信長《のぶなが》には、これまでの世《よ》の中《なか》を変《か》えてしまう革命的《かくめいてき》な才能《さいのう》がありましたが、およそ戦術《せんじゅつ》という点《てん》に関《かん》していえば、この上杉謙信《うえすぎけんしん》にかないません。それどころか、謙信《けんしん》は世界《せかい》の歴史上《れきしじょう》でもまれに見《み》るほどの、まさに神《かみ》がかった天才《てんさい》といえるでしょう。

越後《えちご》は兵《へい》が強《つよ》いうえ、謙信《けんしん》は自分《じぶん》の手足《てあし》のように大軍《たいぐん》をあやつることができました。武田信玄《たけだしんげん》とはライバル関係《かんけい》にあり、*1信濃《しなの》の川中島《かわなかじま》で五度《ど》にわたって戦《たたか》いをくりひろげています。

また、信長自身《のぶながじしん》は指揮《しき》をとっていませんでしたが、柴田勝家《しばたかついえ》がひきいる三万《まん》の織田軍《おだぐん》とも*2手取《てどり》川《がわ》で戦《たたか》い、勝利《しょうり》しています（183ページ参照《さんしょう》）。

信長《のぶなが》は、謙信《けんしん》の怒《いか》りにふれないため、宣教師《せんきょうし》からもらった南蛮《なんばん》のマントや、狩野永徳《かのうえいとく》の代表作《だいひょうさく》といわれる『洛中洛外図屏風《らくちゅうらくがいずびょうぶ》』などを贈《おく》りました。『洛中洛外図屏風《らくちゅうらくがいずびょうぶ》』というのは、京《きょう》の市中《しちゅう》や市外《しがい》を描《か》いた豪華絢爛《ごうかけんらん》な金屏風《きんびょうぶ》で、国宝《こくほう》に指定《してい》されているほどの芸術作品《げいじゅつさくひん》です。

ただ、謙信《けんしん》には新時代《しんじだい》を開《ひら》くという考《かんが》えはなく、足利幕府《あしかがばくふ》を尊重《そんちょう》していたため、信長《のぶなが》が義昭《よしあき》を追放《ついほう》した時点《じてん》で、ふたりの仲《なか》は決裂《けつれつ》しています。

*1 信濃《しなの》……現在《げんざい》の長野県《ながのけん》。 *2 手取川《てどりがわ》……加賀《かが》（現在《げんざい》の石川県南部《いしかわけんなんぶ》）を流《なが》れて日本海《にほんかい》に注《そそ》ぐ川《かわ》。

信長《のぶなが》の長年《ながねん》の宿敵《しゅくてき》、顕如《けんにょ》

石山本願寺《いしやまほんがんじ》のトップ

一五四三年《ねん》〜一五九二年《ねん》（天文《てんぶん》十二年《ねん》〜天正《てんしょう》二十年《ねん》）

浄土真宗《じょうどしんしゅう》の総本山《そうほんざん》、石山本願寺《いしやまほんがんじ》をまとめる第《だい》十一代法主《だいほっす》です。第《だい》十代《だい》の父《ちち》・証如《しょうにょ》のあとをついで、顕如《けんにょ》は、わずか十二歳《さい》で、日本最大《にほんさいだい》の教団《きょうだん》のトップに立《た》ちました。もちろん補佐《ほさ》はされていますが、子《こ》どものころから、まわりの大人《おとな》たちが自分《じぶん》にひれ伏《ふ》すのを見《み》てきたのですから、自分《じぶん》の責任《せきにん》と立場《たちば》の重《おも》さはじゅうぶんに嚙《か》みしめていたでしょう。

大坂《おおさか》の石山本願寺《いしやまほんがんじ》は、宗教団体《しゅうきょうだんたい》である浄土真宗《じょうどしんしゅう》の中心地《ちゅうしんち》というだけでなく、経済的《けいざいてき》にも軍事的《ぐんじてき》にも、カギをにぎる重要《じゅうよう》な拠点《きょてん》でした。

政治的《せいじてき》な感覚《かんかく》にもすぐれていた顕如《けんにょ》は、武田《たけだ》や朝倉《あさくら》など各地《かくち》の大名《だいみょう》と連携《れんけい》をとり、紀州《きしゅう》の鉄砲《てっぽう》集団《しゅうだん》である雑賀衆《さいかしゅう》の火力《かりょく》もかりて、「仏敵《ぶってき》」と呼《よ》んだ信長《のぶなが》との戦《たたか》いに全力《ぜんりょく》を注《そそ》ぎますが（178ページ参照《さんしょう》）、ついに敗《やぶ》れて紀州《きしゅう》の鷺森別院《さぎのもりべついん》にのがれます。

信長《のぶなが》に徹底抗戦《てっていこうせん》する姿勢《しせい》をとっていた子《こ》の第《だい》十二代《だい》・教如《きょうにょ》とは決別《けつべつ》し、本願寺《ほんがんじ》はふたつに分《わ》かれてしまうことになりました。

石山本願寺《いしやまほんがんじ》は三日三晩《みっかみばん》も燃《も》えつづけ、その跡地《あとち》に建《た》てられたのが、大坂城《おおさかじょう》です。

プロ集団《しゅうだん》、紀州《きしゅう》の鉄砲隊《てっぽうたい》の長《おさ》

雑賀孫一《さいかまごいち》

?〜?（?〜?）

本名《ほんみょう》は鈴木孫一《すずきまごいち》（孫市《まごいち》とも書《か》く）といいます。紀州《きしゅう》の鉄砲集団《てっぽうしゅうだん》・雑賀衆《さいかしゅう》の有力者《ゆうりょくしゃ》で、いくさが上手《じょうず》だったため、本願寺《ほんがんじ》などでも鉄砲隊《てっぽうたい》の指揮《しき》をとりました。

雑賀衆《さいかしゅう》は、傭兵《ようへい》（やとわれ兵《へい》）といって、お金《かね》で戦《たたか》いを引《ひ》きうけるプロの戦闘集団《せんとうしゅうだん》です。頼《たの》まれればどこへでも行《い》き、鉄砲《てっぽう》の数《かず》と、正確《せいかく》な射撃《しゃげき》で評価《ひょうか》をあげ、「雑賀衆《さいかしゅう》を味方《みかた》につければかならず勝《か》てる。敵《てき》に回《まわ》せば負《ま》ける」とまで言《い》われるようになりました。

雑賀《さいか》というのは、現在《げんざい》の和歌山市《わかやまし》の大部分《だいぶぶん》をさしますが、海側《うみがわ》を拠点《きょてん》とした孫一《まごいち》たちは海賊《かいぞく》も同然《どうぜん》だったので、村上水軍《むらかみすいぐん》と共同《きょうどう》で織田軍《おだぐん》と戦《たたか》いました。また、海運《かいうん》の貿易《ぼうえき》によって、かなり裕福《ゆうふく》であり、そのお金《かね》で鉄砲《てっぽう》に必要《ひつよう》な硝薬《しょうやく》（火薬《かやく》の材料《ざいりょう》）を買《か》うこともできました。

武力《ぶりょく》をほこる孫一《まごいち》らは、守護《しゅご》の畠山氏《はたけやまし》の命令《めいれい》を聞《き》かず、五《いつ》つの地区《ちく》に分《わ》かれて自分《じぶん》たちで勝手《かって》に政治《せいじ》をおこなっていました。これはいざという場合《ばあい》、統率《とうそつ》がとれず、内輪《うちわ》もめにつながります。

信長《のぶなが》はその弱点《じゃくてん》を突《つ》いて、紀州《きしゅう》攻《ぜ》めのときに山側《やまがわ》の太田党《おおたとう》を味方《みかた》につけ、案内役《あんないやく》にすることで、雑賀衆《さいかしゅう》の力《ちから》を半減《はんげん》させたのです。

偉大《いだい》な父《ちち》のあとをつぎ信長《のぶなが》に敗《やぶ》れた敵将《てきしょう》

武田勝頼《たけだかつより》

一五四六年《ねん》〜一五八二年《ねん》
（天文《てんぶん》十五年《ねん》〜天正《てんしょう》十年《ねん》）

武田信玄《たけだしんげん》の四男《なん》で、信玄《しんげん》が亡《な》くなってからは、武田家《たけだけ》のあとをつぎます。

信玄《しんげん》が生《い》きていたころ、信長《のぶなが》は武田家《たけだけ》との結《むす》びつきを深《ふか》めるために、自分《じぶん》の姪《めい》を養女《ようじょ》として嫁《とつ》がせていますから、勝頼《かつより》にとって信長《のぶなが》は舅《しゅうと》でもありました。ただし、のちにその妻《つま》は亡《な》くなっています。

信玄《しんげん》があまりに強《つよ》かったために、どうしても父《ちち》とくらべられますが、勝頼《かつより》も非常《ひじょう》にいくさに強《つよ》かったことは、信長《のぶなが》や上杉謙信《うえすぎけんしん》など、同時代《どうじだい》の大名《だいみょう》も認《みと》めているほどです。

しかし、長篠《ながしの》の戦《たたか》いで大負《おおま》けしてしまい（182ページ参照《さんしょう》）、その七年後《ねんご》に織田信忠《おだのぶただ》（信長《のぶなが》の長男《ちょうなん》）を大将《たいしょう》とする織田軍《おだぐん》の攻撃《こうげき》によって、新《あたら》しく築《きず》いた*新府城《しんぷじょう》から逃《に》げだします。そのころは家臣《かしん》たちにも見放《みはな》され、ついてくる者《もの》は五十人《にん》もいませんでした。

天正《てんしょう》十年《ねん》（一五八二年《ねん》）、三月《がつ》十一日《にち》、勝頼《かつより》は織田軍《おだぐん》の滝川一益《たきがわかずます》に追《お》いつめられ、息子《むすこ》の信勝《のぶかつ》とともに自害《じがい》します。これによって甲斐《かい》の武田家《たけだけ》は滅亡《めつぼう》しました。

勝頼《かつより》にとって皮肉《ひにく》にも、この日《ひ》から三か月《げつ》たたないうちに本能寺《ほんのうじ》の変《へん》が起《お》こります。

＊新府城《しんぷじょう》……現在《げんざい》の山梨県《やまなしけん》にあった城《しろ》。

信長《のぶなが》について記録《きろく》した宣教師《せんきょうし》 ルイス・フロイス

一五三二年《ねん》〜一五九七年《ねん》

ポルトガルからキリスト教《きょう》を広《ひろ》めるためにやってきた宣教師《せんきょうし》で、年齢《ねんれい》は、信長《のぶなが》より二《ふた》つ上《うえ》です。信長《のぶなが》は、仏教勢力《ぶっきょうせいりょく》を牽制《けんせい》するためもありますが、ひとつの目的《もくてき》のために命《いのち》がけで海《うみ》をわたってきた彼《かれ》らを評価《ひょうか》して、好意的《こういてき》に接《せっ》し、キリスト教《きょう》の布教《ふきょう》を認《みと》めていました。

フロイスには『日本史《にほんし》』という長《なが》い著作《ちょさく》があり、戦国時代《せんごくじだい》の日本《にほん》で見聞《みき》きした内容《ないよう》が、とてもくわしく書《か》かれているため、貴重《きちょう》な史料《しりょう》となっています。

その中《なか》には、信長《のぶなが》について書《か》かれているところが多《おお》くあります。たとえば「睡眠時間《すいみんじかん》は短《みじか》く、早朝《そうちょう》に起《お》き、酒《さけ》は飲《の》まず、食事《しょくじ》は節制《せっせい》している。身《み》のまわりはきわめて清潔《せいけつ》。だらだらとした前置《まえお》きを嫌《きら》う」といった内容《ないよう》があり、信長《のぶなが》が自分自身《じぶんじしん》に対《たい》しても、非常《ひじょう》にきびしくコントロールしていたことがわかります。家臣《かしん》たちの意見《いけん》は聞《き》かず、とてもおそれられていたようです。

また、ときどき「ゆううつな表情《ひょうじょう》」をしている、とも書《か》かれています。これは、わたしたちがいだく信長《のぶなが》のイメージとは、少《すこ》しちがっているかもしれません。

信長《のぶなが》が重用《ちょうよう》したスペシャリストたち

市川大介《いちかわだいすけ》（弓《ゆみ》）。橋本一巴《はしもといっぱ》（鉄砲《てっぽう》）。平田三位《ひらたさんみ》（兵法《ひょうほう》・剣術《けんじゅつ》）。

この三人《にん》は、信長《のぶなが》が年少《ねんしょう》のころから師事《しじ》した人物《じんぶつ》で、それぞれ一流《いちりゅう》の使《つか》い手《て》だったといわれています。敵《てき》に囲《かこ》まれていた少年時代《しょうねんじだい》の信長《のぶなが》は、武芸《ぶげい》を身《み》につける必要性《ひつようせい》を痛切《つうせつ》に感《かん》じていたことでしょう。現代《げんだい》の習《なら》い事《ごと》のようなものではなく、生《い》きのびるために学《まな》ぶのですから、一流《いちりゅう》の先生《せんせい》を招《まね》いて、懸命《けんめい》に稽古《けいこ》にはげんだのです。

武芸《ぶげい》の面《めん》だけでなく、芸術面《げいじゅつめん》では絵師《えし》の狩野永徳《かのうえいとく》も重《おも》く用《もち》いました。信長《のぶなが》が美《び》と力《ちから》の象徴《しょうちょう》とした安土城《あづちじょう》の障壁画《しょうへきが》をまかされるほどですから、よほどの評価《ひょうか》だったといえます。信長《のぶなが》が上杉謙信《うえすぎけんしん》に贈《おく》ったといわれる『洛中洛外図屏風《らくちゅうらくがいずびょうぶ》』を描《か》いたのも、この狩野永徳《かのうえいとく》です。

ほかにも並《なみ》はずれたスペシャリストといえば、安土城《あづちじょう》を設計《せっけい》した岡部又右衛門《おかべまたえもん》も、当代一《とうだいいち》の大《だい》工《く》でした。いまだかつてどこにも存在《そんざい》しなかった豪華絢爛《ごうかけんらん》な巨城《きょじょう》を現実《げんじつ》のものにしたのです。

岡部又右衛門《おかべまたえもん》は、また信長《のぶなが》の命令《めいれい》で、全長《ぜんちょう》五十四メートル、幅《はば》十三メートル、艪《ろ》の数《かず》が百《ひゃく》もあるという前例《ぜんれい》のない超巨大戦艦《ちょうきょだいせんかん》も建造《けんぞう》しました。信長《のぶなが》の型《かた》やぶりな発想《はっそう》を、ほんとうに形《かたち》あるものとしてこの世《よ》に出現《しゅつげん》させたのです。この船《ふね》は、見《み》た人《ひと》すべてがおどろいたといわれています。

第《だい》四章《しょう》

信長《のぶなが》が挑《いど》んだ戦《たたか》いと住《す》んだ城《しろ》

歴史《れきし》の教科書《きょうかしょ》を味気《あじけ》なく感《かん》じたなら、それは出来事《できごと》と結果《けっか》だけがあって、そこにドラマが書《か》かれていないからです。

この本《ほん》の読者《どくしゃ》のみなさんにぜひわかっておいてほしいのは、たとえ教科書《きょうかしょ》に一、二行《ぎょう》で記述《きじゅつ》されているような事件《じけん》にも、重大《じゅうだい》な背景《はいけい》があったということです。

そして、いくさについて言《い》えば、すべての戦《たたか》いには実《じつ》にたくさんの命《いのち》がかけられていて、戦《たたか》った者《もの》たちがどうしてもそれに踏《ふ》みきらなければならない必然《ひつぜん》的《てき》な理由《りゆう》があったということです。

激動《げきどう》する時代《じだい》の中《なか》で、信長《のぶなが》の敵《てき》も味方《みかた》も、みんな懸命《けんめい》に生《い》きていました。

信長《のぶなが》は、十四歳《さい》での初陣《ういじん》以来《いらい》、その生涯《しょうがい》で数《かぞ》えきれないほどのいくさを経験《けいけん》していますが、この章《しょう》ではそのうちの代表的《だいひょうてき》な十一の戦《たたか》いと、彼《かれ》が住《す》んだ五《いつ》つの城《しろ》を紹介《しょうかい》します。

信長《のぶなが》の主《おも》な戦《たたか》い①

スピードを重視《じゅうし》した 村木砦《むらきとりで》の戦《たたか》い

一五五四年《ねん》（天文《てんぶん》二十三年《ねん》）

信長《のぶなが》21歳《さい》

後年《こうねん》の戦《たたか》いほど兵力《へいりょく》の規模《きぼ》が大《おお》きくないので、意外《いがい》に知《し》られていませんが、信長《のぶなが》の戦歴《せんれき》だけでなく、日本《にほん》のいくさの歴史《れきし》においても、記念《きねん》すべき戦《たたか》いです。

というのは、いち早《はや》く鉄砲《てっぽう》の威力《いりょく》に目《め》をとめ、ほかの戦国武将《せんごくぶしょう》にさきがけて大量《たいりょう》に鉄砲《てっぽう》を集《あつ》めていた信長《のぶなが》が、初《はじ》めて鉄砲《てっぽう》の連射《れんしゃ》をおこなった戦《たたか》いだからです。

信長《のぶなが》の一代記《いちだいき》である『信長公記《しんちょうこうき》』に、このとき信長《のぶなが》が「鉄砲《てっぽう》で引《ひ》きうけた」と言《い》い、「取《と》っかえ引《ひ》っかえ」鉄砲《てっぽう》で村木砦《むらきとりで》にこもる今川勢《いまがわぜい》を攻撃《こうげき》したことが、はっきりと記《しる》されています。鉄砲《てっぽう》を有効活用《ゆうこうかつよう》して勝利《しょうり》をおさめたという意味《いみ》では、長篠《ながしの》の戦《たたか》いより二十年以上《ねんいじょう》も前《まえ》です。また『信長公記《しんちょうこうき》』には、戦場《せんじょう》までは海路《かいろ》を取《と》り、二十里《り》（約《やく》八十キロ）の海《うみ》を一時間《じかん》ほどでわたったとあります。にわかには信《しん》じられませんが、これが事実《じじつ》なら、人力《じんりき》に加《くわ》え、おそらく非常《ひじょう》に強《つよ》い追《お》い風《かぜ》を帆《ほ》に受《う》けていたのでしょう。電光《でんこう》のスピードは、これ以降《いこう》の戦《たたか》いでも、信長《のぶなが》の大《おお》いなる武器《ぶき》となります。

村木砦《むらきとりで》の戦闘《せんとう》は激《はげ》しく、織田側《おだがわ》の被害《ひがい》も小《ちい》さなものではありませんでした。側近《そっきん》の家臣《かしん》がおおぜい亡《な》くなって、信長《のぶなが》が涙《なみだ》を流《なが》したという記録《きろく》があります。

『信長公記《しんちょうこうき》』の中《なか》で、信長《のぶなが》が泣《な》いたことが書《か》かれているのは、このときだけです。

どなり声《ごえ》で敵《てき》を撃退《げきたい》!

稲生《いのう》の戦《たたか》い

一五五六年《ねん》(弘治《こうじ》二年《ねん》)

信長《のぶなが》23歳《さい》

信秀《のぶひで》のあとをつぎ織田家《おだけ》の当主《とうしゅ》となった十八歳《さい》の時点《じてん》では兵《へい》も少《すく》なく、信長《のぶなが》は外《そと》の敵《てき》と戦《たたか》う前《まえ》に、まずは家中《かちゅう》をまとめなければなりませんでした。織田家《おだけ》の筆頭家老《ひっとうがろう》をつとめる林佐渡守《はやしさどのかみ》と、その弟《おとうと》の美作守《みまさかのかみ》、そして柴田勝家《しばたかついえ》が、信長《のぶなが》の弟《おとうと》の信行《のぶゆき》をあとつぎにしようとたくらんでいたのです。

弘治《こうじ》二年《ねん》(一五五六年《ねん》)八月《がつ》、信行《のぶゆき》は、信長《のぶなが》がおさめていた土地《とち》に勝手《かって》に砦《とりで》を築《きず》き、本格的《ほんかくてき》な合戦《かっせん》になります。これが、戦場《せんじょう》になった地名《ちめい》から「稲生《いのう》の戦《たたか》い」とよばれている戦《たたか》いです。

信行《のぶゆき》の兵《へい》の数《かず》は千《せん》七百人《ひゃくにん》。対《たい》する信長《のぶなが》の兵力《へいりょく》は七百人《ひゃくにん》しかありませんでした。

戦《たたか》いは、はじめ信行《のぶゆき》の側《がわ》が優勢《ゆうせい》で、信長軍《のぶながぐん》は、過去《かこ》に功績《こうせき》のある家臣《かしん》たちがつぎつぎに討《う》たれていきます。このとき、戦《たたか》いの流《なが》れを変《か》えたのは、なんと信長《のぶなが》のどなり声《ごえ》でした。

敵対《てきたい》しているとはいえ、相手《あいて》は織田家中《おだかちゅう》の顔見知《かおみし》りです。ただでさえ兵力《へいりょく》を確保《かくほ》しなければいけないのに、身内同士《みうちどうし》でこのような戦《たたか》いをさせられていることが腹《はら》にすえかねていたのです。

信長《のぶなが》の大声《おおごえ》と、その気迫《きはく》に、兵《へい》の数《かず》が倍以上《ばいいじょう》もある信行軍《のぶゆきぐん》はひるみ、総《そう》くずれになって逃《に》げていきました。奇策《きさく》でも罠《わな》でもなく、どなり声《ごえ》が戦《たたか》いの流《なが》れを変《か》えたという例《れい》です。

それで敵軍《てきぐん》を後退《こうたい》させるのですから、とんでもない迫力《はくりょく》だったのでしょう。

信長《のぶなが》の主《おも》な戦《たたか》い③

信長《のぶなが》の名《な》を全国《ぜんこく》にとどろかせた 桶《おけ》狭《はざ》間《ま》の戦《たたか》い

一五六〇年《ねん》（永禄《えいろく》三年《ねん》）

信長《のぶなが》27歳《さい》

大《おお》まかな流《なが》れは第《だい》一章《しょう》でふれたとおりで、ドラマチックな結末《けつまつ》から出《で》たとこ勝負《しょうぶ》の幸運《こううん》な勝利《しょうり》のように思《おも》われがちですが、実《じつ》は今川義元《いまがわよしもと》の上洛《じょうらく》は、数年前《すうねんまえ》から予想《よそう》されていました。

弘治《こうじ》三年《ねん》（一五五七年《ねん》）、信長《のぶなが》は、今川方《いまがわがた》の重要人物《じゅうようじんぶつ》である戸部新左衛門《とべしんざえもん》という武将《ぶしょう》を、裏《うら》切《ぎ》ったように見《み》せかけ、義元《よしもと》が殺《ころ》すようにしむけています。戸部新左衛門《とべしんざえもん》は、桶狭間《おけはざま》の近《ちか》くの笠《かさ》寺《でら》城《じょう》の城主《じょうしゅ》でしたから、信長《のぶなが》にとってはじゃまな存在《そんざい》でした。つまり、早《はや》いうちから義元《よしもと》との戦《たたか》いにそなえて、決戦《けっせん》の場所《ばしょ》に桶狭間《おけはざま》を選《えら》んでいたことがわかるのです。

出陣《しゅつじん》の直前《ちょくぜん》に、信長《のぶなが》が「敦盛《あつもり》」を舞《ま》い、立《た》ったまま湯《ゆ》づけを食《た》べたエピソードも記録《きろく》されています。湯《ゆ》づけというと、「お茶《ちゃ》づけ」にくらべておいしくなさそうですが、ただのお湯《ゆ》をかけるのではなく、ダシのような味《あじ》がついていたそうです。それよりも、ふつうに考《かんが》えれば、死《し》ぬ可能《かのう》性《せい》が圧倒的《あっとうてき》に高《たか》い戦《たたか》いに出《で》かけていくというのに、恐怖《きょうふ》で神経《しんけい》をちぢこまらせるのではなく、このあとの合戦《かっせん》にそなえて栄養《えいよう》を補給《ほきゅう》しているところが、いかにも信長《のぶなが》らしく冷静《れいせい》です。

ところで、桶狭間《おけはざま》の戦《たたか》いの一番《いちばん》の大手柄《おおてがら》は、義元《よしもと》の居場所《いばしょ》を報告《ほうこく》した簗田政綱《やなだまさつな》でした。信長《のぶなが》がいくさにおいて「情報《じょうほう》」を重要視《じゅうようし》していたことがわかります。

信長《のぶなが》の主《おも》な戦《たたか》い ④

美濃《みの》攻略《こうりゃく》の最後《さいご》の戦《たたか》い

稲《いな》葉《ば》山《やま》城《じょう》攻《ぜ》め

一五六七年《ねん》（永禄十年《ねん》）

信長《のぶなが》34歳《さい》

「美濃《みの》をゆずる」と斎藤道三《さいとうどうさん》にたくされてから、信長《のぶなが》が美濃《みの》を統一《とういつ》するまで十年《ねん》もかかりました。皮肉《ひにく》にも、それは道三《どうさん》が築《きず》いた稲葉山城《いなばやまじょう》が攻《せ》め落《お》とすのに難《むずか》しい名城《めいじょう》であったからです。尾張《おわり》との国境《くにざかい》に近《ちか》い墨俣《すのまた》の地《ち》に、拠点《きょてん》となる城《しろ》を築《きず》けば、稲葉山城《いなばやまじょう》を攻《せ》めやすくなるのですが、建設《けんせつ》しようとしていると、美濃勢《みのぜい》が攻《せ》めてくるため、だれがやっても失敗《しっぱい》していたのです。

このとき木下藤吉郎《きのしたとうきちろう》（秀吉《ひでよし》）は、川並衆《かわなみしゅう》という集団《しゅうだん》の力《ちから》をかりて、短期間《たんきかん》での築城《ちくじょう》に成功《せいこう》しました。また義龍《よしたつ》の家臣《かしん》である竹中半兵衛《たけなかはんべえ》のもとを何度《なんど》もたずね、味方《みかた》になってもらいました。藤《とう》吉郎《きちろう》の一途《いちず》さと人間的《にんげんてき》な魅力《みりょく》がなければ、半兵衛《はんべえ》の心《こころ》も動《うご》かなかったでしょう。半兵衛《はんべえ》が織田方《おだがた》と手《て》を組《く》んだことで、凡庸《ぼんよう》な龍興《たつおき》に不満《ふまん》をいだいていた美濃《みの》三人衆《にんしゅう》も織田方《おだがた》につき、これによって斎藤勢《さいとうぜい》は一気《いっき》に弱《よわ》くなりました。

信長《のぶなが》は美濃《みの》に攻《せ》めこむと、城下《じょうか》を焼《や》きはらって城《しろ》を取《と》り囲《かこ》みます。斎藤龍興《さいとうたつおき》はひとたまりもなく逃亡《とうぼう》してしまい、稲葉山城《いなばやまじょう》はあっけなく攻略《こうりゃく》できました。

ちなみに、美濃《みの》三人衆《にんしゅう》の稲葉一鉄《いなばいってつ》は、たいへんな頑固者《がんこもの》として知《し》られていた人物《じんぶつ》で、のちに「頑固一徹《がんこいってつ》」の語源《ごげん》になったといわれています。

信長《のぶなが》の主《おも》な戦《たたか》い⑤

浅井《あざい》・朝倉連合軍《あさくられんごうぐん》と相対《あいたい》した 姉川《あねがわ》の戦《たたか》い

一五七〇年《ねん》（元亀元年《げんきがんねん》）

信長《のぶなが》37歳《さい》

信長《のぶなが》といえば、さっそうとしていて強《つよ》いイメージがありますが、その人生《じんせい》の中《なか》で、ふつうなら死《し》んでしまうような絶体絶命《ぜったいぜつめい》のピンチを何度《なんど》も経験《けいけん》しています。元亀元年《げんきがんねん》（一五七〇年《ねん》）の朝倉《あさくら》攻《ぜ》めでも、一気《いっき》に金ケ崎城《かながさきじょう》まで落《お》としますが、ここで浅井長政《あざいながまさ》が裏切《うらぎ》ったという情報《じょうほう》が入《はい》ります。長政《ながまさ》は、織田家《おだけ》よりも前《まえ》に、朝倉家《あさくらけ》とのあいだに深《ふか》い交流《こうりゅう》を持《も》っていたのです。織田《おだ》と朝倉《あさくら》が戦《たたか》うかもしれないと知《し》っていたので、「もし朝倉《あさくら》と戦《たたか》うようなら、事前《じぜん》に知《し》らせてほしい」と約《やく》束《そく》していたのですが、信長《のぶなが》はその約束《やくそく》を平気《へいき》でやぶりました。信長《のぶなが》にしてみると朝倉《あさくら》への攻撃《こうげき》は奇襲作戦《きしゅうさくせん》であり、その前《まえ》に情報《じょうほう》をもらすなど、もってのほかなのです。いっぽう、そのことで長《なが》政《まさ》が怒《おこ》ったのも無理《むり》はありません。

二か月後《げつご》、近江《おうみ》の姉川《あねがわ》をはさんで、織田《おだ》・徳川連合軍《とくがわれんごうぐん》と浅井《あざい》・朝倉連合軍《あさくられんごうぐん》がふたたび戦《たたか》います。信長《のぶなが》の軍《ぐん》は危《あぶ》ないところまで攻《せ》めこまれますが、家康軍《いえやすぐん》の榊原康政《さかきばらやすまさ》が、朝倉軍《あさくらぐん》の右手側《みぎてがわ》から攻《せ》めると、戦《たたか》いの流《なが》れが変《か》わりました。武器《ぶき》を持《も》っている利《き》き腕《うで》の側《がわ》から攻《せ》められると、戦《たたか》いづらいのです。

浅井《あざい》・朝倉軍《あさくらぐん》は総《そう》くずれになって逃《に》げだしますが、織田《おだ》・徳川軍《とくがわぐん》はそれ以上《いじょう》は追《お》いませんでした。

信長《のぶなが》の主《おも》な戦《たたか》い ⑥

宿敵本願寺《しゅくてきほんがんじ》との十年間《ねんかん》の戦《たたか》い

石山合戦《いしやまかっせん》

一五七〇年《ねん》〜一五八〇年《ねん》（元亀元年《げんきがんねん》〜天正《てんしょう》八年《ねん》）

信長《のぶなが》37歳《さい》〜47歳《さい》

信長《のぶなが》と本願寺《ほんがんじ》の戦《たたか》いは、途中《とちゅう》で何度《なんど》も休戦《きゅうせん》をはさみながら、一五七〇年《ねん》から一五八〇年《ねん》まで十年《ねん》もつづきました。本願寺《ほんがんじ》というのは、浄土真宗《じょうどしんしゅう》（一向宗《いっこうしゅう》）の総本山《そうほんざん》です。大坂《おおさか》（現在《げんざい》の大阪《おおさか》）の石山《いしやま》という土地《とち》にあったので、石山本願寺《いしやまほんがんじ》ともいいます。

当時《とうじ》の石山《いしやま》は大坂湾《おおさかわん》に面《めん》し、海運《かいうん》に適《てき》した場所《ばしょ》でした。経済的《けいざいてき》な感覚《かんかく》にすぐれた信長《のぶなが》が、この地《ち》を手《て》に入《い》れようとしたのは当然《とうぜん》ですが、これによって全国《ぜんこく》の信者《しんじゃ》を敵《てき》に回《まわ》すことになります。

本願寺《ほんがんじ》がやとった紀州《きしゅう》の鉄砲集団《てっぽうしゅうだん》・雑賀衆《さいかしゅう》の火力《かりょく》に手《て》を焼《や》いたり、木津川口《きづがわぐち》の戦《たたか》いでは大負《おおま》けしたり、天王寺《てんのうじ》の戦《たたか》いでは信長自身《のぶながじしん》が鉄砲傷《てっぽうきず》を負《お》うなど、苦戦《くせん》がつづきました。

意外《いがい》かもしれませんが、信長《のぶなが》は大《おお》いくさでけっこう負《ま》けています。桶狭間《おけはざま》や長篠《ながしの》のように、この天才《てんさい》は勝《か》ち方《かた》も派手《はで》ですが、負《ま》けっぷりも見事《みごと》なまでに派手《はで》なのです。

ただし、おそるべきは、そのあとです。敗戦《はいせん》から多《おお》くのことを学《まな》び、二度目《にどめ》の戦《たたか》いでは、「だれも思《おも》いつかなかった方法《ほうほう》」で、かならずといっていいほど勝《か》っています。

木津川口《きづがわぐち》の海戦《かいせん》でも、二度目《どめ》は鉄張《てつば》りの巨大《きょだい》な船《ふね》で圧勝《あっしょう》し、ついに本願寺《ほんがんじ》への補給《ほきゅう》を断《た》つことに成功《せいこう》して、顕如《けんにょ》を降伏《こうふく》させせました。

ところで、信長《のぶなが》の天下統一《てんかとういつ》を十年《ねん》も遅《おく》らせた本願寺《ほんがんじ》との戦《たたか》いですが、なぜそれほどの苦労《くろう》を重《かさ》ねても、信長《のぶなが》は戦《たたか》いをさけようとしなかったのでしょうか。

それは経済的《けいざいてき》な理由以上《りゆういじょう》に、これから築《きず》こうとする新《あたら》しい社会《しゃかい》のため、政治《せいじ》と宗教《しゅうきょう》を切《き》りはなす必要《ひつよう》を強《つよ》く感《かん》じていたからです。むずかしい言葉《ことば》で、これを「政教分離《せいきょうぶんり》」といいます。

この当時《とうじ》の日本《にほん》は、浄土真宗《じょうどしんしゅう》の勢力《せいりょく》が、民衆《みんしゅう》の大部分《だいぶぶん》にまでおよんでいました。信者《しんじゃ》にとっては、殿《との》さまよりも顕如《けんにょ》のほうが上《うえ》です。そうなると百姓《ひゃくしょう》が年貢《ねんぐ》を納《おさ》めず、中《なか》には領主《りょうしゅ》を殺《ころ》して自治《じち》をおこなう地域《ちいき》もありました。自治《じち》ならいいじゃないかと思《おも》うかもしれませんが、宗教《しゅうきょう》や迷信《めいしん》が世《よ》の中《なか》を動《うご》かすというのは、とても危険《きけん》なことなのです。

ヨーロッパでは、なにも悪《わる》いことをしていなくても、「魔女《まじょ》」だと疑《うたが》われただけで殺《ころ》される時代《じだい》がつづきました。また、別《べつ》の宗教《しゅうきょう》を信《しん》じている人《ひと》を殺《ころ》しても罪《つみ》にならないとされていました。ひとつの宗教《しゅうきょう》が実権《じっけん》をにぎってしまうと、そんなことが起《お》こりかねないのです。

織田信長《おだのぶなが》という超《ちょう》ド級《きゅう》の天才《てんさい》は、新《あたら》しい世《よ》の中《なか》を切《き》りひらくために「世界《せかい》ではじめて」のことをいくつも実行《じっこう》していますが、この政教分離《せいきょうぶんり》も、人類史上《じんるいしじょう》、はじめてやってのけたのが彼《かれ》です。

ヨーロッパの社会《しゃかい》が政教分離《せいきょうぶんり》にふみきったのは、これより百年《ひゃくねん》ほどあとのことでした。

天下《てんか》の悪行《あくぎょう》!? その理由《りゆう》とは?
比叡山《ひえいざん》焼《や》き打《う》ち

一五七一年《ねん》(元亀二年《ねん》)

信長《のぶなが》38歳《さい》

信長《のぶなが》は、なにも宗教《しゅうきょう》そのものを全否定《ぜんひてい》していたわけではありません。自分自身《じぶんじしん》、尾張《おわり》の熱田明神《あつたみょうじん》や、琵琶湖《びわこ》にある竹生島《ちくぶしま》の神社《じんじゃ》に参詣《さんけい》していますし、宣教師《せんきょうし》たちにキリスト教《きょう》の布教《ふきょう》を認《みと》めています。伊勢神宮《いせじんぐう》が新《あたら》しい社殿《しゃでん》をつくる行事《ぎょうじ》に寄進《きしん》を願《ねが》いでたときも、気前《きまえ》よく三千《ぜん》貫《かん》(三億円《おくえん》から四億円以上《おくえんいじょう》)もの寄付《きふ》をしているのです。

しかし、そのいっぽうで、宗教《しゅうきょう》と政治《せいじ》が結《むす》びつくことは認《みと》めず、僧侶《そうりょ》の堕落《だらく》も許《ゆる》せませんでした。元《げん》亀《き》二年《ねん》(一五七一年《ねん》)、信長《のぶなが》は延暦寺《えんりゃくじ》を焼《や》き打《う》ちにします。これについて、「いくらなんでも、お寺《てら》を焼《や》くのはいけない」と思《おも》うかもしれません。しかし当時《とうじ》の延暦寺《えんりゃくじ》は、現在《げんざい》の宗教組織《しゅうきょうそしき》としての寺院《じいん》とはまったくちがうものでした。おおぜいの僧兵《そうへい》をかかえる軍事組織《ぐんじそしき》であり、京《きょう》の金融《きんゆう》業者《ぎょうしゃ》とも結《むす》びついて、経済的《けいざいてき》な面《めん》でも大《おお》きな影響力《えいきょうりょく》を持《も》っていました。

また京《きょう》の北東《ほくとう》にある延暦寺《えんりゃくじ》は、交通《こうつう》の要所《ようしょ》でもあり、街道《かいどう》を断《た》たれると、信長《のぶなが》は岐阜《ぎふ》と往来《おうらい》できなくなります。つまり、軍事的《ぐんじてき》にも経済的《けいざいてき》にも位置的《いちてき》にも、京《きょう》に新《あたら》しい政権《せいけん》を打《う》ちたてようとする信長《のぶなが》にとって、どうしてもたおさなければならない相手《あいて》だったのです。

信長《のぶなが》の主《おも》な戦《たたか》い ⑧

浅井《あざい》・朝倉《あさくら》と、ついに決着《けっちゃく》!

小谷城《おだにじょう》の戦《たたか》い・一乗谷《いちじょうだに》の戦《たたか》い

一五七三年(天正元年《てんしょうがんねん》)

信長《のぶなが》40歳《さい》

姉川《あねがわ》の戦《たたか》いから三年後《ねんご》、天正元年《てんしょうがんねん》(一五七三年《ねん》)、信長《のぶなが》は三万《まん》の軍《ぐん》をひきいて、浅井長政《あざいながまさ》のいる北近江《きたおうみ》の小谷城《おだにじょう》を攻《せ》め、長政《ながまさ》と同盟《どうめい》を結《むす》んでいる朝倉義景《あさくらよしかげ》が救援《きゅうえん》に来《く》ると、これを迎《むか》え撃《う》ち、越前《えちぜん》の中心都市《ちゅうしんとし》である一乗谷《いちじょうだに》まで攻《せ》めこみました。

仲間《なかま》にも見《み》すてられた朝倉義景《あさくらよしかげ》は、ついに自害《じがい》して亡《な》くなり、一乗谷《いちじょうだに》から引《ひ》きかえした信長《のぶなが》に攻《せ》められて、長政《ながまさ》も自害《じがい》しました。浅井《あざい》・朝倉《あさくら》は、信長《のぶなが》にとって長《なが》く苦戦《くせん》をしいられた敵《てき》でしたが、ここにきてようやくたおすことができたのです。

翌年《よくとし》、天正《てんしょう》二年《ねん》(一五七四年《ねん》)の正月《しょうがつ》。信長《のぶなが》は、岐阜城《ぎふじょう》へ年始《ねんし》のあいさつにきた武将《ぶしょう》たちを、お酒《さけ》と食事《しょくじ》を用意《ようい》して接待《せったい》します。その宴会《えんかい》の席《せき》に、ぱっと見《み》たところ美《うつく》しい金色《きんいろ》で、マリのように丸《まる》いものが三《みっ》つ、ならべられていました。

それらは、なんと前《まえ》の年《とし》に討《う》ちはたした三人《にん》の敵将《てきしょう》、朝倉義景《あさくらよしかげ》、浅井久政《あざいひさまさ》(長政《ながまさ》の父《ちち》)、浅井《あざい》長政《ながまさ》、の頭蓋骨《ずがいこつ》を、漆《うるし》でコーティングし、金色《きんいろ》の塗料《とりょう》で塗《ぬ》りかためたものでした。

現代《げんだい》とは感覚《かんかく》がちがうので、集《あつ》まった人々《ひとびと》は、この趣向《しゅこう》をおもしろがったそうです。浅井長政《あざいながまさ》は妹《いもうと》の婿《むこ》ですが、彼《かれ》のドクロも、信長《のぶなが》にとっては宴会《えんかい》を盛《も》りあげるための小道具《こどうぐ》だったのです。

信長《のぶなが》の主《おも》な戦《たたか》い⑨

伝説《でんせつ》の鉄砲三段撃《てっぽうさんだんう》ち!?

長篠《ながしの》の戦《たたか》い

一五七五年《ねん》（天正《てんしょう》三年《ねん》）

信長《のぶなが》42歳《さい》

人類《じんるい》の戦争《せんそう》の歴史上《れきしじょう》、ごくまれですが、これまでの常識《じょうしき》をくつがえすような、まったく新《あたら》しい戦法《せんぽう》が用《もち》いられることがあります。そして、それはかならずといっていいほど、大勝利《だいしょうり》をおさめるのです。なにしろ相手《あいて》にとっては思《おも》いつきもしなかったわけですから。

天正《てんしょう》三年《ねん》（一五七五年《ねん》）五月《がつ》二十一日《にち》、三万《まん》八千《せん》の織田《おだ》・徳川連合軍《とくがわれんごうぐん》と、武田勝頼《たけだかつより》がひきいる一万《まん》八千《せん》の武田軍《たけだぐん》が、三河《みかわ》の長篠城近《ながしのじょうちか》くの設楽原《したらがはら》でぶつかった長篠《ながしの》の戦《たたか》いがそれです。

『信長公記《しんちょうこうき》』には、信長《のぶなが》が「味方《みかた》にはひとりも損害《そんがい》が出《で》ないように作戦《さくせん》をねった」と書《か》かれています。戦国時代《せんごくじだい》の合戦《かっせん》で、しかも無敵《むてき》といわれる武田騎馬隊《たけだきばたい》を相手《あいて》にそんなことは不可能《ふかのう》なのですが、そこで用《もち》いたのが鉄砲《てっぽう》のいっせい射撃《しゃげき》という世界《せかい》でも初《はじ》めての戦法《せんぽう》でした。

柵《さく》をはりめぐらせて馬《うま》の突撃《とつげき》を止《と》め、入《い》れ替《か》わりながら鉄砲《てっぽう》を撃《う》ちつづけて、弾《たま》ごめに時間《じかん》がかかるという鉄砲《てっぽう》の弱点《じゃくてん》をおぎなったのです。これによって、いつも大量《たいりょう》の弾丸《だんがん》が敵《てき》に向《む》かって飛《と》んでいることになります。近年《きんねん》では三段撃《だんう》ちはなかったという説《せつ》もありますが、この戦《たたか》いで大量《たいりょう》の鉄砲《てっぽう》を効果的《こうかてき》に利用《りよう》したのは事実《じじつ》です。

信長《のぶなが》はこれによって大勝利《だいしょうり》をおさめ、その後《ご》のいくさの流《なが》れを変《か》えました。

信長《のぶなが》の主《おも》な戦《たたか》い⑩

手取川《てどりがわ》の戦《たたか》い

一五七七年《ねん》（天正《てんしょう》五年《ねん》）

軍神《ぐんしん》・上杉謙信《うえすぎけんしん》との戦《たたか》いは大苦戦《だいくせん》

信長《のぶなが》44歳《さい》

支配《しはい》する領国《りょうごく》を広《ひろ》め、天下統一《てんかとういつ》へと近《ちか》づくにつれて、信長《のぶなが》はいくさの上手《じょうず》な配下《はいか》の武将《ぶしょう》たちに指揮権《しきけん》を与《あた》え、各地《かくち》の敵《てき》にあたらせる、というやり方《かた》を取《と》るようになります。中国地方《ちゅうごくちほう》の毛利氏《もうりし》には羽柴秀吉《はしばひでよし》、伊勢《いせ》には滝川一益《たきがわかずます》、本願寺《ほんがんじ》には佐久間信盛《さくまのぶもり》というように、自分《じぶん》が陣頭《じんとう》に立《た》たなくても、同時《どうじ》に多数《たすう》の敵《てき》と戦《たたか》う方法《ほうほう》を編《あ》みだしたのです。

この「○○方面司令官《ほうめんしれいかん》」という軍隊《ぐんたい》の制度《せいど》も、信長《のぶなが》が世界《せかい》ではじめてやったことです。

天正《てんしょう》五年《ねん》（一五七七年《ねん》）、上杉謙信《うえすぎけんしん》が*能登《のと》の七尾城《ななおじょう》を取《と》り囲《かこ》んだとき、七尾城《ななおじょう》にこもっていた長続連《ちょうつぐつら》という武将《ぶしょう》から救援《きゅうえん》をもとめられた信長《のぶなが》は、織田軍《おだぐん》きっての猛将《もうしょう》である柴田勝家《しばたかついえ》に三万《まん》の軍勢《ぐんぜい》をあたえて派遣《はけん》し、これに当《あ》たらせました。

丹羽長秀《にわながひで》や滝川一益《たきがわかずます》も加《くわ》わり（羽柴秀吉《はしばひでよし》は途中《とちゅう》で離脱《りだつ》）、しかも上杉軍《うえすぎぐん》より数《かず》が多《おお》かったにもかかわらず、結果《けっか》は大負《おおま》けでした。謙信《けんしん》おそるべし、と言《い》うべきでしょう。

織田軍《おだぐん》は手取川《てどりがわ》をわたったところで、七尾城《ななおじょう》が落城《らくじょう》したという知《し》らせを聞《き》き、目的《もくてき》を失《うしな》って、引《ひ》きかえしていくところを追撃《ついげき》されたのです。川《かわ》でおぼれて死《し》んだ兵《へい》もいました。

上杉謙信《うえすぎけんしん》は「戦《たたか》ってみると、織田軍《おだぐん》は意外《いがい》にたいしたことがなかった」と語《かた》ったそうです。

＊能登《のと》……現在《げんざい》の石川県北部《いしかわけんほくぶ》。

信長《のぶなが》の主《おも》な戦《たたか》い ⑪

天才《てんさい》・信長《のぶなが》の最後《さいご》の舞台《ぶたい》に……

本能寺《ほんのうじ》の変《へん》

一五八二年《ねん》（天正《てんしょう》十年《ねん》）

信長《のぶなが》49歳《さい》

史上《しじょう》まれに見《み》る天才《てんさい》の信長《のぶなが》にも弱点《じゃくてん》はあります。

それは、近《ちか》しい家臣《かしん》や同盟者《どうめいしゃ》の裏切《うらぎ》りを夢《ゆめ》にも思《おも》わない、ということです。

信長《のぶなが》の性格《せいかく》の特徴《とくちょう》として、よく疑《うたが》い深《ぶか》さがあげられますが、そのわりに浅井長政《あざいながまさ》や家臣《かしん》だった荒木村重《あらきむらしげ》、そして明智光秀《あけちみつひで》が自分《じぶん》を裏切《うらぎ》るとは、まったく疑《うたが》ってもみなかったようです。

本能寺《ほんのうじ》の変《へん》でも、徳川家《とくがわけ》の家臣《かしん》の大久保彦左衛門《おおくぼひこざえもん》による『三河物語《みかわものがたり》』では、はじめ「信忠《のぶただ》のしわざか」と、まず自分《じぶん》の長男《ちょうなん》を疑《うたが》ったと書《か》かれています。

また、ルイス・フロイスの記録《きろく》には、本能寺《ほんのうじ》を取《と》り囲《かこ》んだ光秀《みつひで》の兵《へい》たちが「信長《のぶなが》の命令《めいれい》で大坂《おおさか》にいる家康《いえやす》を討《う》ちにいくのだと思《おも》っていた」とあり（当日《とうじつ》家康《いえやす》は大坂《おおさか》・堺《さかい》に滞在《たいざい》していました）、明智光秀《あけちみつひで》が最後《さいご》の最後《さいご》まで目的《もくてき》をもらさなかったことがわかります。

信長《のぶなが》は、本能寺《ほんのうじ》の変《へん》によって、四十九歳《さい》で亡《な》くなりました。若《わか》いころから好《この》んで舞《ま》った「敦盛《あつもり》」の一節《いっせつ》「人間《にんげん》五十年《ねん》」の直前《ちょくぜん》の年齢《ねんれい》だったことは、なにやら運命的《うんめいてき》でもあります。

信長《のぶなが》が住《す》んだ城《しろ》①

二歳《さい》で城主《じょうしゅ》に! 那古野城《なごやじょう》(尾張国《おわりのくに》)

信長《のぶなが》2歳《さい》～22歳《さい》

織田信秀《おだのぶひで》(信長《のぶなが》の父《ちち》)が、天文元年《てんぶんがんねん》(一五三二年《ねん》)ごろに、今川氏《いまがわし》から奪《うば》いとって、自分《じぶん》のものにしました。

信長《のぶなが》は、この那古野城《なごやじょう》(か*勝幡城《しょばたじょう》)で生《う》まれたといわれています。

当時《とうじ》の城《しろ》は、まだ石垣《いしがき》や天守閣《てんしゅかく》などはなく、那古野城《なごやじょう》も土《つち》をもりあげて周囲《しゅうい》を取《と》り囲《かこ》み、川《かわ》から引《ひ》いた水《みず》で堀《ほり》をつくって防衛《ぼうえい》していました。

信秀《のぶひで》は、二歳《さい》になった信長《のぶなが》を那古野城《なごやじょう》の城主《じょうしゅ》にして、自分《じぶん》は古渡城《ふるわたりじょう》に住《す》みます。もちろん、世《せ》話役《わやく》として平手政秀《ひらてまさひで》をつけていますが、わずか二歳《さい》でひとつの城《しろ》の主《あるじ》になるという経験《けいけん》は、のちの信長《のぶなが》の性格形成《せいかくけいせい》に大《おお》いに影響《えいきょう》したでしょう。

母《はは》の土田御前《どたごぜん》と弟《おとうと》の信行《のぶゆき》は、末森城《すえもりじょう》に住《す》んでいました。

信長《のぶなが》は二十二歳《さい》で、尾張《おわり》のほぼ中央《ちゅうおう》にある清洲城《きよすじょう》に移《うつ》り住《す》むまで、うつけとよばれた少年時代《しょうねんじだい》を、この那古野城《なごやじょう》ですごします。濃姫《のうひめ》との結婚式《けっこんしき》がおこなわれたのも那古野城《なごやじょう》でした。

現代《げんざい》の名古屋城《なごやじょう》は、この跡地《あとち》に、徳川家康《とくがわいえやす》が建《た》てたものです。

＊勝幡城《しょばたじょう》……那古野城《なごやじょう》の西《にし》15km《キロメートル》ほどの場所《ばしょ》にあった城《しろ》。

信長《のぶなが》が
住《す》んだ城《しろ》
②

桶狭間《おけはざま》には ここから出陣《しゅつじん》！

清洲城《きよすじょう》

（尾張国《おわりのくに》）

信長《のぶなが》
22歳《さい》
～
30歳《さい》

信長《のぶなが》が統一《とういつ》するまで、尾張《おわり》は上四郡《かみよんぐん》と下四郡《しもよんぐん》に分《わ》かれ、織田家《おだけ》も三《みっ》つに分《わ》かれて勢力《せいりょく》を争《あらそ》っていました。

守護代《しゅごだい》をつとめる織田《おだ》の本家《ほんけ》・織田信友《おだのぶとも》のものだった清洲城《きよすじょう》は、交通《こうつう》の要所《ようしょ》であるとともに、政治的《せいじてき》にも経済的《けいざいてき》にも尾張《おわり》の中心《ちゅうしん》となる城《しろ》でした。

信長《のぶなが》が入《はい》ってからは清洲城《きよすじょう》を大《おお》きく改修《かいしゅう》し、家臣《かしん》たちを城《しろ》の近《ちか》くに住《す》まわせます。町人《ちょうにん》たちもおおぜい集《あつ》まってきて、大《おお》きな城下町《じょうかまち》ができました。清洲《きよす》の城下《じょうか》は美《うつく》しく整備《せいび》され、人々《ひとびと》でにぎわい、商業《しょうぎょう》が栄《さか》えて、ますます発展《はってん》していきました。

このころは、まだ周囲《しゅうい》に土塀《どべい》をめぐらせ、水堀《みずぼり》で囲《かこ》んだ城《しろ》でしたが、のちの経済的《けいざいてき》な構想《こうそう》は、この清洲城《きよすじょう》のころからうかがえます。一世一代《いっせいちだい》の決戦《けっせん》となる桶狭間《おけはざま》の戦《たたか》いに出陣《しゅつじん》したのも、そののちに徳川家康《とくがわいえやす》と同盟《どうめい》を結《むす》んだのも、この清洲城《きよすじょう》です。

信長《のぶなが》が亡《な》くなったのち、二男《じなん》の信雄《のぶかつ》が天守閣《てんしゅかく》などを増築《ぞうちく》していますが、現在《げんざい》の清洲城《きよすじょう》の天守《てんしゅ》は想像《そうぞう》によって建《た》てられたものです。

信長《のぶなが》が住《す》んだ城《しろ》③

美濃《みの》攻略《こうりゃく》の拠点《きょてん》 小牧山城《こまきやまじょう》（尾張国《おわりのくに》）

信長《のぶなが》30歳《さい》～34歳《さい》

信長《のぶなが》は人生《じんせい》の過程《かてい》で、そのときどきの政治目的《せいじもくてき》に合《あ》わせて、拠点《きょてん》とする城《しろ》を変《か》えています。尾《お》張統一《わりとういつ》のめどが立《た》って、清洲城《きよすじょう》はその役割《やくわり》を終《お》えたといえます。

つぎの目標《もくひょう》は美濃《みの》の攻略《こうりゃく》です。小牧山城《こまきやまじょう》は、永禄《えいろく》六年《ねん》（一五六三年《ねん》）、美濃《みの》を攻《せ》めとるために建《た》てられた城《しろ》で、その意味《いみ》では住居《じゅうきょ》や政治《せいじ》の中心《ちゅうしん》というより、軍事上《ぐんじじょう》の要塞《ようさい》のような役割《やくわり》を担《にな》っていました。

城《しろ》を建《た》てた小牧山《こまきやま》は、清洲《きよす》の北東《ほくとう》十一キロのところにある標高《ひょうこう》八十六メートルの岩山《いわやま》です。清《きよ》洲《す》は尾張《おわり》の中心《ちゅうしん》で住《す》みやすかったので、この移転《いてん》には、家臣《かしん》たちのあいだから不満《ふまん》の声《こえ》があがると、信長《のぶなが》は予想《よそう》していました。

そこで、まず小牧山《こまきやま》よりも、もっと遠《とお》く（十八キロ）、もっと標高《ひょうこう》の高《たか》い（二九二メートル）二《に》の宮山《みややま》に城《しろ》を築《きず》くと発表《はっぴょう》し、家臣《かしん》たちに移転《いてん》の命令《めいれい》を出《だ》しました。家臣《かしん》たちは「そんな山《やま》の中《なか》へ移転《いてん》するのか」と迷惑《めいわく》がりました。

そのタイミングで、小牧山《こまきやま》への変更《へんこう》を知《し》らせたのです。二《に》の宮山《みややま》に移《うつ》ることにくらべればずっと楽《らく》なので、家臣《かしん》たちはよろこびました。信長《のぶなが》はそこまで人《ひと》の心《こころ》を読《よ》んでいました。

信長《のぶなが》が住《す》んだ城《しろ》④

城下《じょうか》で楽市楽座《らくいちらくざ》を実現《じつげん》 岐阜城《ぎふじょう》（美濃国《みののくに》）

信長《のぶなが》34歳《さい》～43歳《さい》

十年《ねん》がかりの宿願《しゅくがん》で美濃《みの》を手《て》に入《い》れた信長《のぶなが》は、それまで斎藤氏《さいとうし》のものだった稲葉山城《いなばやまじょう》の改築《かいちく》をはじめました。城《しろ》だけでなく、「井口《いのくち》」とよばれていた城下《じょうか》の街《まち》も、道路《どうろ》の幅《はば》を広《ひろ》くするなどして、大規模《だいきぼ》に整《ととの》えはじめ、「岐阜《ぎふ》」という名称《めいしょう》に変《か》えます。

岐阜《ぎふ》の町《まち》は、経済《けいざい》の自由化《じゆうか》（「楽市楽座《らくいちらくざ》」123ページ参照《さんしょう》）によって多《おお》くの人々《ひとびと》が集《あつ》まり、大《おお》いに発展《はってん》しました。

同時《どうじ》に城《しろ》の名前《なまえ》も、岐阜城《ぎふじょう》にあらためました。

城《しろ》のある稲葉山《いなばやま》は標高《ひょうこう》三百三十メートルもあり、毎日《まいにち》の移動《いどう》がたいへんなので、信長《のぶなが》は自分《じぶん》の住《す》む館《やかた》を城下町《じょうかまち》と同《おな》じ山麓《さんろく》につくらせ、城郭《じょうかく》と館《やかた》の二重構造《にじゅうこうぞう》にしています。改築《かいちく》を手《て》がけた当代《とうだい》一《いち》の大工《だいく》・岡部又右衛門《おかべまたえもん》は、のちに安土城《あづちじょう》の築城《ちくじょう》も任《まか》されました。

信長《のぶなが》の館《やかた》については、宣教師《せんきょうし》のルイス・フロイスが「信長《のぶなが》に呼《よ》ばれないかぎり、だれであっても入《はい》ることは許《ゆる》されなかった」と書《か》いています。

フロイスの記録《きろく》によると、館《やかた》は三階《がい》建《だ》てで、いくつもの廊下《ろうか》や部屋《へや》があり、清潔《せいけつ》で、このうえなく美《うつく》しかったようです。

「庭《にわ》の池《いけ》には、白《しろ》い小粒《こつぶ》の石《いし》が底《そこ》に敷《し》きつめられて、澄《す》みきった水《みず》の中《なか》を、きれいな魚《さかな》がたくさん泳《およ》いでいた。城下《じょうか》の騒《さわ》ぎもここには届《とど》かず、小鳥《ことり》がさえずる落《お》ちついた静《しず》かな環境《かんきょう》で、ポルトガルの総督邸《そうとくてい》より美《うつく》しい」

とフロイスは書《か》き、岐阜城《ぎふじょう》を「地上《ちじょう》の楽園《らくえん》」とまで言《い》って絶賛《ぜっさん》しています。

信長《のぶなが》はフロイスに、「インドにはこのような城《しろ》があるか」とたずねていますから、よほど自慢《じまん》の城《しろ》だったのでしょう。

城《しろ》の最上階《さいじょうかい》からは岐阜《ぎふ》の町《まち》が一望《いちぼう》でき、山科言継《やましなときつぐ》という貴族《きぞく》も「言葉《ことば》にできないほどの絶景《ぜっけい》」と表現《ひょうげん》しました。

信長《のぶなが》は美的《びてき》なセンスにすぐれているうえ、とてもきれい好《ず》きだったので、招《まね》かれた人《ひと》たちが感《かん》動《どう》するほどの城《しろ》をつくりあげたのです。石垣《いしがき》の上《うえ》に三層《そう》の天守《てんしゅ》がそびえる美《うつく》しい城《しろ》は、城下《じょうか》から見上《みあ》げると、経済的《けいざいてき》な豊《ゆた》かさの象徴《しょうちょう》のように見《み》えたことでしょう。

のちの安土城《あづちじょう》もそうですが、信長《のぶなが》は、見《み》る者《もの》を圧倒《あっとう》し、感動《かんどう》させるほどの城《しろ》を建《た》てることで、織田軍《おだぐん》の力《ちから》を外《そと》にしめすという政治的《せいじてき》な効果《こうか》まで考《かんが》えていました。

美濃《みの》をおさめたこのころから、信長《のぶなが》は「天下布武《てんかふぶ》（武《ぶ》によって天下《てんか》をおさめる）」の印《いん》を使《つか》いはじめ、いよいよ天下統一《てんかとういつ》に向《む》けた活動《かつどう》を起《お》こしていきます。

信長《のぶなが》が住《す》んだ城《しろ》⑤

斬新《ざんしん》なデザインに人々《ひとびと》が感動《かんどう》した

安土城《あづちじょう》（近江国《おうみのくに》）

信長《のぶなが》43歳《さい》〜49歳《さい》

丹羽長秀《にわながひで》が建設《けんせつ》の総監督《そうかんとく》をつとめ、岡部又右衛門《おかべまたえもん》が大工《だいく》のリーダーになって、三年《ねん》がかりで完成《かんせい》させた、地上《ちじょう》六階《かい》、地下《ちか》一階《かい》の七階建《かいだ》てという日本史上最大規模《にほんしじょうさいだいきぼ》の城《しろ》です。

信長《のぶなが》は建物《たてもの》を建《た》てるのも速《はや》く、京都《きょうと》の二条城《にじょうじょう》も、わずか七十日《にち》という驚異的《きょういてき》な期間《きかん》で完成《かんせい》させていますが、安土城《あづちじょう》には三年《ねん》かかったのです（信長《のぶなが》は建《た》てはじめた年《とし》に移転《いてん》しています）。

位置《いち》は琵琶湖《びわこ》の東岸《とうがん》にあり、岐阜《ぎふ》と京都《きょうと》のちょうど中間地点《ちゅうかんちてん》です。当時《とうじ》は湖《みずうみ》の波《なみ》がまぎわまで打《う》ちよせるほどの岸辺《きしべ》にあったので、すぐに船《ふね》を出《だ》すこともできました。ここを拠点《きょてん》にすることで、岐阜《ぎふ》と京都《きょうと》とのあいだを、より速《はや》く移動《いどう》できるようにしたのです。

城《しろ》のある安土山《あづちやま》は二百《ひゃく》メートルほどの高《たか》さですが、石垣《いしがき》で固《かた》めた上《うえ》に本格的《ほんかくてき》な天守《てんしゅ》をそびえたたせています。

天守《てんしゅ》は、三十二メートルの高《たか》さで、一番上《いちばんうえ》は金色《きんいろ》、その下《した》の五階《かい》の部分《ぶぶん》は朱色《しゅいろ》で八角形《はっかくけい》という、これまでのどの城《しろ》にも見《み》られないデザインでした。

瓦《かわら》には、金箔《きんぱく》がほどこされていて、宣教師《せんきょうし》のオルガンティノは「西洋《せいよう》（キリスト教国《きょうこく》）にもないほど壮大《そうだい》な城《しろ》」と、おどろきを持《も》って書《か》きのこしています。

内部《ないぶ》の構造《こうぞう》も特殊《とくしゅ》でした。ふつうの城《しろ》には、中心部《ちゅうしんぶ》に全体《ぜんたい》をささえる大《おお》きな柱《はしら》があるのですが、安土城《あづちじょう》は真《ま》ん中《なか》が吹《ふ》きぬけになっていました。

石段《いしだん》は三百段《びゃくだん》もあり、また「蛇石《へびいし》」という、六、七千人《せんにん》ほどで上《うえ》まで引《ひ》きあげたという巨大《きょだい》な石《いし》があったと、ルイス・フロイスは書《か》いています。

その石《いし》は、不幸《ふこう》にも事故《じこ》で落《お》ちてしまい、下《した》にいた作業員《さぎょういん》が百《ひゃく》五十人《にん》もつぶされて死《し》んだという記録《きろく》もありますから、想像《そうぞう》を絶《ぜっ》する大《おお》きさだったことがわかります。蛇石《へびいし》の使用目的《しようもくてき》は不明《ふめい》で、その後《ご》なくなり、どこへ消《き》えたのか、現代《げんだい》でもわかっていません。

またフロイスは、安土《あづち》の城下町《じょうかまち》が四キロメートルもつづき、道《みち》は広《ひろ》く、日《ひ》に二、三度《ど》はそうじされていたと書《か》いています。当時《とうじ》の日本《にほん》の人口《じんこう》は、一千万人《いっせんまんにん》ほどだったと考《かんが》えられていますが、安土《あづち》の城下《じょうか》は、六千人以上《せんにんいじょう》も集《あつ》まるほど発展《はってん》していました。

第一章《だいしょう》でもふれたように、お盆《ぼん》の夜《よる》には色《いろ》とりどりの提灯《ちょうちん》で天守閣《てんしゅかく》をライトアップし、その美《うつく》しさで城下《じょうか》の人々《ひとびと》を感動《かんどう》させました。

また、これまでの大名《だいみょう》では考《かんが》えられなかったことですが、信長《のぶなが》は安土城《あづちじょう》を一般公開《いっぱんこうかい》し、だれでも見学《けんがく》できるように入城《にゅうじょう》を許《ゆる》しました。見学《けんがく》する者《もの》はあとをたたず、安土城《あづちじょう》の豪華《ごうか》さに心《こころ》を打《う》たれ、これによって信長《のぶなが》は、自分《じぶん》こそが天下人《てんかびと》であることを世《よ》に知《し》らしめたのです。

織田《おだ》信長《のぶなが》略年表《りゃくねんぴょう》

時代《じだい》	西暦《せいれき》	元号《げんごう》	年齢《ねんれい》	出来事《できごと》
室《むろ》町《まち》時《じ》代《だい》	1534年《ねん》	天《てん》文《ぶん》	1	尾張国《おわりのくに》の武将《ぶしょう》・織田信秀《おだのぶひで》の嫡男《ちゃくなん》として生《う》まれる。幼名《ようみょう》は吉法師《きっぽうし》。
	1535年《ねん》		2	那古野城主《なごやじょうしゅ》になる。
	1542年《ねん》		9	父《ちち》・信秀《のぶひで》が今川義元《いまがわよしもと》と戦《たたか》い勝利《しょうり》、その後《ご》1548年《ねん》にも対決《たいけつ》（**小豆坂《あずきざか》の戦《たたか》い**）。
	1543年《ねん》		10	ポルトガル商人《しょうにん》により、種子島《たねがしま》に鉄砲《てっぽう》が伝《つた》わる。
	1544年《ねん》		11	父《ちち》・信秀《のぶひで》が美濃国《みののくに》・斎藤道三《さいとうどうさん》の居城《きょじょう》・稲葉山城《いなばやまじょう》を攻《せ》めるがやぶれる。
	1546年《ねん》		13	元服《げんぷく》し、名《な》を吉法師《きっぽうし》から信長《のぶなが》とあらためる。
	1547年《ねん》		14	初陣《ういじん》にのぞみ、駿河国《するがのくに》の今川軍勢《いまがわぐんぜい》を退《しりぞ》ける（**吉良《きら》・大浜《おおはま》の戦《たたか》い**）。 松平竹千代《まつだいらたけちよ》（徳川家康《とくがわいえやす》）が織田家《おだけ》の人質《ひとじち》になる。二年後《ねんご》、人質交換《ひとじちこうかん》で今川家《いまがわけ》に。
	1548年《ねん》		15	斎藤道三《さいとうどうさん》の娘《むすめ》（濃姫《のうひめ》）を正妻《せいさい》に迎《むか》える。
	1549年《ねん》		16	キリスト教布教《きょうふきょう》のため、ザビエルが来日《らいにち》する。
	1551年《ねん》		18	父《ちち》・信秀病死《のぶひでびょうし》。信長《のぶなが》が織田家《おだけ》をつぐ。
	1553年《ねん》		20	守《も》り役《やく》・平手政秀《ひらてまさひで》が信長《のぶなが》の素行《そこう》をいさめて切腹《せっぷく》する。 濃姫《のうひめ》の父《ちち》・斎藤道三《さいとうどうさん》と聖徳寺《しょうとくじ》で初対面《はったいめん》する。
	1554年《ねん》		21	今川義元《いまがわよしもと》が信長《のぶなが》の領地《りょうち》を切《き》り崩《くず》そうと村木《むらき》に砦《とりで》を築《きず》くがこれを撃退《げきたい》する（**村《むら》木砦《きとりで》の戦《たたか》い**）。
	1555年《ねん》		22	叔父《おじ》・織田信光《おだのぶみつ》と手《て》を組《く》み、守護代《しゅごだい》・織田信友《おだのぶとも》を死《し》に追《お》いやり、清洲城《きよすじょう》に入《はい》る。
	1556年《ねん》	弘《こう》治《じ》	23	舅《しゅうと》・斎藤道三《さいとうどうさん》と、その義理《ぎり》の息子《むすこ》・義龍《よしたつ》が敵対《てきたい》し合戦《かっせん》となる。信長《のぶなが》が援軍《えんぐん》に向《む》かうが間《ま》にあわず、道三《どうさん》が戦死《せんし》する（**長良川《ながらがわ》の戦《たたか》い**）。これにより斎藤家《さいとうけ》との争《あらそ》いがはじまる。

長期間《ちょうきかん》におよんだ主《おも》な戦《たたか》い

美濃国《みののくに》・斎藤家《さいとうけ》との戦《たたか》い（1556年《ねん》〜1567年《ねん》）

室《むろ》町《まち》時《じ》代《だい》

弘《こう》治《じ》　永《えい》禄《ろく》

1557年《ねん》	24	弟《おとうと》・信行《のぶゆき》と家督《かとく》をめぐる戦《たたか》いが起《お》こり、これをやぶる（**稲生《いのう》の戦《たたか》い**）。謀反《むほん》の疑《うたが》いのため、弟《おとうと》・信行《のぶゆき》を清洲城《きよすじょう》で殺害《さつがい》する。
1560年《ねん》	27	上洛途中《じょうらくとちゅう》の今川義元《いまがわよしもと》を、桶狭間《おけはざま》で討《う》ちとる（**桶狭間《おけはざま》の戦《たたか》い**）。
1561年《ねん》	28	甲斐国《かいのくに》・武田信玄《たけだしんげん》と越後国《えちごのくに》・上杉謙信《うえすぎけんしん》との第《だい》四次川中島《じかわなかじま》の戦《たたか》いが起《お》こる。
1562年《ねん》	29	松平元康《まつだいらもとやす》（徳川家康《とくがわいえやす》）と清洲城《きよすじょう》で同盟《どうめい》を結《むす》ぶ。
1563年《ねん》	30	小牧山城《こまきやまじょう》を築《きず》き、清洲城《きよすじょう》から移《うつ》る。
1565年《ねん》	32	尾張国《おわりのくに》を統一《とういつ》する。
1567年《ねん》	34	斎藤義龍《さいとうよしたつ》の死後《しご》、家督《かとく》をついでいた龍興《たつおき》をやぶり（**稲葉山城攻《いなばやまじょうぜ》め**）、美濃《みの》を征服《せいふく》。稲葉山城《いなばやまじょう》を岐阜城《ぎふじょう》とあらためる。 岐阜城下《ぎふじょうか》を楽市楽座《らくいちらくざ》にする。 このころより「天下布武《てんかふぶ》」の印《いん》を使《つか》うようになる。
1568年《ねん》	35	北近江《きたおうみ》の浅井長政《あざいながまさ》と同盟《どうめい》を結《むす》ぶ。 越前国《えちぜんのくに》より足利義昭《あしかがよしあき》を迎《むか》え、のち、義昭《よしあき》を将軍《しょうぐん》に据《す》えるため上洛《じょうらく》する。 足利義昭《あしかがよしあき》が室町幕府《むろまちばくふ》第《だい》十五代将軍《しょうぐん》になる。
1569年《ねん》	36	京《きょう》にて、義昭《よしあき》のための邸宅《ていたく》・二条城《にじょうじょう》の着工《ちゃっこう》にとりかかる。 ポルトガル人宣教師《じんせんきょうし》のルイス・フロイスにキリスト教《きょう》の布教活動《ふきょうかつどう》を許《ゆる》す。
1570年《ねん》	37	朝倉義景《あさくらよしかげ》を討《う》つため出陣《しゅつじん》するが、浅井長政《あざいながまさ》の裏切《うらぎ》りにより撤退《てったい》する（**金ケ《かなが》崎城《さきじょう》の戦《たたか》い**）。これにより朝倉《あさくら》・浅井両家《あざいりょうけ》との争《あらそ》いがはじまる。 近江国《おうみのくに》の姉川河原《あねがわかわら》でふたたび浅井《あざい》・朝倉連合軍《あさくられんごうぐん》と対峙《たいじ》し、徳川軍《とくがわぐん》とともにやぶる（**姉川《あねがわ》の戦《たたか》い**）。 政教分離《せいきょうぶんり》を進《すす》めるため石山本願寺《いしやまほんがんじ》と戦《たたか》うが決着《けっちゃく》がつかず（**淀川堤《よどがわづつみ》の戦《たたか》い**）、

越前国《えちぜんのくに》・朝倉家《あさくらけ》
北近江《きたおうみ》・浅井家《あざいけ》との戦《たたか》い
（1570年《ねん》～1573年《ねん》）

石山合戦《いしやまかっせん》（1570年《ねん》～1580年《ねん》）

室町時代《むろまちじだい》			安土桃山時代《あづちももやまじだい》			
1571年《ねん》	1572年《ねん》	1573年《ねん》	1574年《ねん》	1575年《ねん》	1576年《ねん》	1577年《ねん》
永禄《えいろく》	元亀《げんき》		天正《てんしょう》			
38	39	40	41	42	43	44

これにより石山本願寺《いしやまほんがんじ》との**石山合戦《いしやまかっせん》**がはじまる。

比叡山延暦寺《ひえいざんえんりゃくじ》を焼《や》き打《う》ちにする（**延暦寺焼《えんりゃくじや》き打《う》ち**）。

信長《のぶなが》を討《う》つために武田信玄《たけだしんげん》が進軍《しんぐん》をはじめ、織田《おだ》・徳川連合軍《とくがわれんごうぐん》をやぶる（**三方ヶ原《みかたがはら》の戦《たたか》い**）。これにより武田家《たけだけ》との争《あらそ》いがはじまる。

上洛途中《じょうらくとちゅう》で信玄《しんげん》が病死《びょうし》する。

足利義昭《あしかがよしあき》を京《きょう》から追放《ついほう》する。これにより室町幕府滅亡《むろまちばくふめつぼう》。

浅井長政《あざいながまさ》の居城《きょじょう》・小谷城《おだにじょう》に攻撃《こうげき》をはじめる（**小谷城《おだにじょう》の戦《たたか》い**）。援軍《えんぐん》に来《き》た朝倉義景《あさくらよしかげ》を、越前《えちぜん》の一乗谷《いちじょうだに》まで追《お》いつめ討《う》ち滅《ほろ》ぼす（**一乗谷《いちじょうだに》の戦《たたか》い**）。

そののち、小谷城《おだにじょう》を攻《せ》め落《お》とし、長政《ながまさ》を自害《じがい》に追《お》いやる。これにより朝《あさ》倉《くら》・浅井両家《あざいりょうけ》との争《あらそ》いが終《お》わる。

上杉謙信《うえすぎけんしん》に「洛中洛外図屏風《らくちゅうらくがいずびょうぶ》」を贈《おく》る。

1570年《ねん》ごろに起《お》こった伊勢長島一揆《いせながしまいっき》を終結《しゅうけつ》させる。

三河国《みかわのくに》の設楽原《したらがはら》で武田勝頼《たけだかつより》を徳川軍《とくがわぐん》とともに撃破《げきは》する（**長篠《ながしの》の戦《たたか》い**）。

安土城《あづちじょう》の築城《ちくじょう》はじまる。1579年《ねん》に完成《かんせい》。

石山本願寺《いしやまほんがんじ》が雑賀衆《さいかしゅう》の手《て》をかりて挙兵《きょへい》する。信長《のぶなが》は戦《たたか》いの最中《さいちゅう》に足《あし》を負傷《ふしょう》するが戦勝《せんしょう》する（**天王寺《てんのうじ》の戦《たたか》い**）。

石山本願寺《いしやまほんがんじ》への補給海路《ほきゅうかいろ》を断《た》つため村上《むらかみ》・毛利《もうり》（雑賀衆《さいかしゅう》）連合水軍《れんごうすいぐん》と戦《たたか》うが敗北《はいぼく》する（**第一次木津川口《だいいちじきづがわぐち》の戦《たたか》い**）。

雑賀衆《さいかしゅう》を弱体化《じゃくたいか》させるため紀州《きしゅう》に攻《せ》めこむが多大《ただい》な損害《そんがい》を被《こうむ》る（**紀州攻《きしゅうぜ》め**）。

安土城下《あづちじょうか》を楽市楽座《らくいちらくざ》にする。

越後国《えちごのくに》の上杉謙信《うえすぎけんしん》から攻《せ》められていた能登国《のとのくに》の七尾城《ななおじょう》からの援軍要請《えんぐんようせい》に

越前国《えちぜんのくに》・朝倉家《あさくらけ》と北近江《きたおうみ》・浅井家《あざいけ》との戦《たたか》い（1570年《ねん》～1573年《ねん》）

甲斐国《かいのくに》・武田家《たけだけ》との戦《たたか》い（1572年《ねん》～1582年《ねん》）

安土《あづち》桃山《ももやま》時代《じだい》

年	天正《てんしょう》
1578年《ねん》	45
1579年《ねん》	46
1580年《ねん》	47
1581年《ねん》	48
1582年《ねん》	49
1590年《ねん》	

応《こた》え、謙信《けんしん》の勢力拡大《せいりょくかくだい》を阻止《そし》するため派兵《はへい》するが大敗《たいはい》する（**手取川《てどりがわ》の戦《たたか》い**）。

安土城《あづちじょう》で相撲大会《すもうたいかい》を催《もよお》す。

上杉謙信《うえすぎけんしん》が病死《びょうし》する。

石山本願寺《いしやまほんがんじ》への補給海路《ほきゅうかいろ》を断《た》つため、ふたたび村上《むらかみ》・毛利《もうり》（雑賀衆《さいかしゅう》）連合《れんごう》水軍《すいぐん》と戦《たたか》い、鉄甲船《てっこうせん》の威力《いりょく》をもって勝利《しょうり》する（**第二次木津川口《だいじきづがわぐち》の戦《たたか》い**）。

徳川家康《とくがわいえやす》の嫡男《ちゃくなん》・信康《のぶやす》に切腹《せっぷく》を命《めい》じる。

追《お》いつめられた石山本願寺《いしやまほんがんじ》が、信長《のぶなが》との和睦《わぼく》を受《う》け入《い》れ、石山《いしやま》の地《ち》を明《あ》けわたす。これにより石山合戦《いしやまかっせん》が終《お》わる。

京《きょう》にて正親町天皇《おおぎまちてんのう》を招《まね》き、馬《うま》ぞろえを催《もよお》す。

安土城《あづちじょう》の天守《てんしゅ》を提灯《ちょうちん》で飾《かざ》り、人々《ひとびと》をおどろかせる。

宣教師《せんきょうし》がつれてきた黒人奴隷《こくじんどれい》を武士《ぶし》として取《と》りたて、弥助《やすけ》と名《な》づける。

武田勝頼《たけだかつより》を攻《せ》め、自害《じがい》させる（**天目山《てんもくざん》の戦《たたか》い**）。これにより武田家《たけだけ》との争《あらそ》いが終《お》わる。

明智光秀《あけちみつひで》の謀反《むほん》で討《う》たれるが、信長《のぶなが》の遺体《いたい》は発見《はっけん》されず（**本能寺《ほんのうじ》の変《へん》**）。

妙覚寺《みょうかくじ》に滞在《たいざい》していた嫡男《ちゃくなん》・信忠《のぶただ》も自害《じがい》する。

備中高松城《びっちゅうたかまつじょう》攻《ぜ》めを和睦《わぼく》で切《き》りあげた羽柴秀吉《はしばひでよし》（豊臣秀吉《とよとみひでよし》）が中国大返《ちゅうごくおおがえ》しを決行《けっこう》し、光秀《みつひで》を討《う》つ（**山崎《やまざき》の戦《たたか》い**）。

清洲城《きよすじょう》で織田信長《おだのぶなが》の後継者《こうけいしゃ》について、柴田勝家《しばたかついえ》、丹羽長秀《にわながひで》、羽柴秀吉《はしばひでよし》、池田《いけだ》恒興《つねおき》らが協議《きょうぎ》する清洲会議《きよすかいぎ》が開《ひら》かれ、信忠《のぶただ》の嫡男《ちゃくなん》・三法師《さんぼうし》を擁《よう》した秀吉《ひでよし》が実権《じっけん》をにぎる。

豊臣秀吉《とよとみひでよし》が、天下《てんか》を統一《とういつ》する。

石山合戦《いしやまかっせん》（1570年《ねん》～1580年《ねん》）

当時《とうじ》の国名《こくめい》とこの本《ほん》の中《なか》の主《おも》な戦《たたか》いや城《しろ》の場所《ばしょ》など

※「村木砦《むらきとりで》の戦《たたか》い」「桶狭間《おけはざま》の戦《たたか》い」「天王寺《てんのうじ》の戦《たたか》い（石山合戦《いしやまかっせん》）」の地図《ちず》は29ページ、50ページ　93ページにそれぞれあります。

現在《げんざい》の都府県名《とふけんめい》
北《きた》
西《にし》
東《ひがし》
南《みなみ》
青森県《あおもりけん》
秋田県《あきたけん》
岩手《いわて》
山形県《やまがたけん》
宮城県《みやぎけん》
新潟県《にいがたけん》
石川県《いしかわけん》
富山県《とやまけん》
福島県《ふくしまけん》
鳥取県《とっとりけん》
島根県《しまねけん》
福井県《ふくいけん》
群馬県《ぐんまけん》
栃木県《とちぎけん》
山口県《やまぐちけん》
岡山県《おかやまけん》
京都府《きょうとふ》
岐阜県《ぎふけん》
長野県《ながのけん》
埼玉県《さいたまけん》
茨城県《いばらきけん》
広島県《ひろしまけん》
兵庫県《ひょうごけん》
滋賀県《しがけん》
山梨県《やまなしけん》
東京都《とうきょうと》
佐賀県《さがけん》
福岡県《ふくおかけん》
香川県《かがわけん》
大阪府《おおさかふ》
奈良県《ならけん》
愛知県《あいちけん》
神奈川県《かながわけん》
愛媛県《えひめけん》
長崎県《ながさきけん》
大分県《おおいたけん》
徳島県《とくしまけん》
三重県《みえけん》
静岡県《しずおかけん》
千葉県《ちばけん》
高知県《こうちけん》
熊本県《くまもとけん》
和歌山県《わかやまけん》
宮崎県《みやざきけん》
鹿児島県《かごしまけん》
備中《びっちゅう》・高松城《たかまつじょう》攻《ぜ》め
出雲《いずも》
伯耆《ほうき》
因幡《いなば》
丹後《たんご》
石見《いわみ》
但馬《たじま》
美作《みまさか》
長門《ながと》
備後《びんご》
備中《びっちゅう》
安芸《あき》
丹波《たんば》
備前《びぜん》
播磨《はりま》
山城《やましろ》
周防《すおう》
摂津《せっつ》
筑前《ちくぜん》
豊前《ぶぜん》
讃岐《さぬき》
淡路《あわじ》
和泉《いずみ》
河内《かわち》
肥前《ひぜん》
筑後《ちくご》
伊予《いよ》
阿波《あわ》
土佐《とさ》
大和《やまと》
豊後《ぶんご》
肥後《ひご》
紀伊《きい》
日向《ひゅうが》
紀州攻《きしゅうぜ》め
(和歌川《わかがわ》の戦《たたか》い
石山合戦《いしやまかっせん》
石山本願寺《いしやまほんがんじ》
大隅《おおすみ》
天王寺《てんのうじ》の戦《たたか》い
木津川口《きづがわぐち》の戦《たたか》い

あとがき

この本《ほん》を書《か》いているあいだ、織田信長《おだのぶなが》に関《かん》する史料《しりょう》を何冊《なんさつ》も読《よ》んでいたせいか、いささか時代錯誤《じだいさくご》な感覚《かんかく》におちいっていました。

ぼくは現在《げんざい》、東京《とうきょう》に住《す》んでいますが、故郷《こきょう》の和歌山市《わかやまし》に帰省《きせい》するとき、新幹線《しんかんせん》が名古屋《なごや》に停《と》まると、「尾張《おわり》だ」と思《おも》ったり、大阪《おおさか》という字《じ》が「大坂《おおさか》」に見《み》えたり、和歌山《わかやま》を「雑賀《さいか》」だと思《おも》ったりしたぐらいです。

天才《てんさい》で、独裁者《どくさいしゃ》で、みずから「魔王《まおう》」を名《な》のる信長《のぶなが》は、比叡山《ひえいざん》焼《や》き打《う》ちの行動《こうどう》などから、なんとなく「悪《あく》」のイメージがあると思《おも》いますが、真《しん》の姿《すがた》はどうだったのでしょう。

ぼくは、織田信長《おだのぶなが》を理解《りかい》するには、彼《かれ》がつけた年号《ねんごう》が、ひとつのキーワードになるのではないかと思《おも》っています。

年号《ねんごう》というのは、西暦《せいれき》に対《たい》しての和暦《われき》（弘治《こうじ》とか永禄《えいろく》とか。昭和《しょうわ》や平成《へいせい》も）のことです。

信長《のぶなが》は、一五七三年《ねん》の七月《がつ》、朝廷《ちょうてい》にはたらきかけて、それまでの「元亀《げんき》」という年号《ねんごう》を改《あらた》めました。

これからどんな時代《じだい》にしようとしているのか、名《な》づけた人物《じんぶつ》の精神《せいしん》が、年号《ねんごう》を構成《こうせい》する漢字《かんじ》にあらわれます。

信長《のぶなが》が名《な》づけた年号《ねんごう》は「天正《てんしょう》」です。「天《てん》」と「正《しょう》」。このふたつの漢字《かんじ》の組《く》み合《あ》わせから、信長《のぶなが》が切《き》りひらこうとした世《よ》の中《なか》が見《み》えてきます。「天《てん》」が世《よ》の中《なか》をさすならば、信長《のぶなが》の信条《しんじょう》には、明《あき》らかな「正義《せいぎ》」があったのではないでしょうか。

この本《ほん》をとおして、信長《のぶなが》の「正義《せいぎ》」を感《かん》じとってもらえると、作者《さくしゃ》としてうれしく思《おも》います。

平成《へいせい》三十年《ねん》（二〇一八年《ねん》）三月《がつ》二十一日《にち》

中島《なかしま》 望《のぞむ》

【主要参考文献】

『現代語訳　信長公記』太田牛一／著　中川太古／訳　新人物文庫
『詳細図説　信長記』小和田哲男／著　新人物往来社
『織田信長の城』加藤理文／著　講談社現代新書
『信長が見た戦国京都　城塞に囲まれた異貌の都』河内将芳／著　洋泉社歴史新書y
『歴史の旅　戦国時代の京都を歩く』河内将芳／著　吉川弘文館
『完訳フロイス日本史　織田信長篇〈Ⅰ〉〈Ⅱ〉〈Ⅲ〉』ルイス・ルフロイス／著　松田毅一・川崎桃太／訳　中公文庫
『フロイスの見た戦国日本』川崎桃太／著　中公文庫
『歴史文化セレクション　信長と石山合戦　中世の信仰と一揆』神田千里／著　吉川弘文館
『戦国の軍隊　現代軍事学から見た戦国大名の軍勢』西股総生／著　学研パブリッシング
『武具の日本史』近藤好和／著　平凡社新書
『戦国鉄砲・傭兵隊　天下人に逆らった紀州雑賀衆』鈴木眞哉／著　平凡社新書
『本願寺と天下人の50年戦争』武田鏡村／著　学研新書
『日本史リブレット　日本史のなかの戦国時代』山田邦明／著　山川出版社
『ビジュアル版　逆説の日本史4　完本　信長全史』井沢元彦／著　小学館
『超ビジュアル！　歴史人物伝　織田信長』矢部健太郎／監修　西東社
『戦国最強の兵器図鑑　火縄銃・大筒・騎馬・鉄甲船の威力』桐野作人／著　新人物往来社
『顕如・教如と一向一揆　信長・秀吉・本願寺』長浜市長浜城歴史博物館／編集・刊行
『図説　日本史を変えた合戦』歴史の謎研究会／編　青春出版社
『歴史文学地図　地図で知る戦国〈上巻〉〈下巻〉』地図で知る戦国編集委員会・ぶよう堂編集部／編　武揚堂
『織田信長　覇道の全合戦　廣済堂ベストムック298号』廣済堂出版
『人物叢書　織田信長』池上裕子／著　吉川弘文館
『増補版　旗指物』高橋賢一／著　新人物往来社

集英社みらい文庫

伝記《でんき》シリーズ 天才《てんさい》！織田信長《おだのぶなが》
戦国最強《せんごくさいきょう》ヒーローのすべて

中島《なかしま》 望《のぞむ》 著　RICCA《リッカ》 絵

ファンレターのあて先
〒101-8050 東京都千代田区一ツ橋2-5-10 集英社みらい文庫編集部
いただいたお便りは編集部から先生におわたしいたします。

2018年 4月30日 第1刷発行

発行者	北畠輝幸
発行所	株式会社 集英社 〒101-8050 東京都千代田区一ツ橋2-5-10 電話 編集部 03-3230-6246 読者係 03-3230-6080 販売部 03-3230-6393（書店様専用） http://miraibunko.jp
装丁	小松 昇（Rise Design Room） 中島由佳理
年表作成	津田隆彦
印刷	大日本印刷株式会社 凸版印刷株式会社
製本	大日本印刷株式会社

★この作品は、歴史上の人物の人生や出来事などを、著者による創作を交えて描いたものです。
ISBN978-4-08-321433-2 C8223 N.D.C.913 200P 18cm

戦国《せんごく》ヒーローズ!!

天下《てんか》をめざした8人《にん》の武将《ぶしょう》——信玄《しんげん》・謙信《けんしん》から幸村《ゆきむら》・政宗《まさむね》まで

奥山景布子《おくやまきょうこ》・著　暁《あかつき》かおり・絵

信玄《しんげん》・謙信《けんしん》・信長《のぶなが》・光秀《みつひで》・秀吉《ひでよし》・家康《いえやす》・幸村《ゆきむら》・政宗《まさむね》…戦国時代《せんごくじだい》を熱《あつ》く生《い》きた8人《にん》の伝記《でんき》！

集英社《しゅうえいしゃ》みらい文庫《ぶんこ》の伝記《でんき》は、おもしろい！

大江戸《おおえど》ヒーローズ!!

宮本武蔵《みやもとむさし》・大石内蔵助《おおいしくらのすけ》……信《しん》じる道《みち》を走《はし》りぬいた7人《にん》!

奥山景布子《おくやまきょうこ》・著　RICCA《リッカ》・絵

宮本武蔵《みやもとむさし》・天草四郎《あまくさしろう》・徳川光圀《とくがわみつくに》・大石《おおいし》（内蔵助《くらのすけ》）良雄《よしお》・大岡忠相《おおおかただすけ》・長谷川平蔵《はせがわへいぞう》・大塩平八郎《おおしおへいはちろう》……7人《にん》の人生《じんせい》を一冊《さつ》で！

集英社みらい文庫
真田幸村と十勇士
奥山景布子・著
RICCA・絵

集英社みらい文庫
真田幸村と十勇士
ひみつの大冒険編
奥山景布子・著
RICCA・絵

毎日《まいにち》が楽《たの》しくなる！

空《くう》想《そう》研《けん》究《きゅう》所《じょ》シリーズ
好《こう》評《ひょう》発《はつ》売《ばい》中《ちゅう》!!

実況《じっきょう》！空想《くうそう》サッカー研究所《けんきゅうじょ》
もしも織田信長《おだのぶなが》が日本代表監督《にほんだいひょうかんとく》だったら
作《さく》・清水英斗《しみずひでと》

実況《じっきょう》！空想《くうそう》野球《やきゅう》研究所《けんきゅうじょ》
もしも織田信長《おだのぶなが》がプロ野球《やきゅう》の監督《かんとく》だったら
作《さく》・手束《てづか》 仁《じん》

実況《じっきょう》！空想武将研究所《くうそうぶしょうけんきゅうじょ》
もしも坂本龍馬《さかもとりょうま》が戦国武将《せんごくぶしょう》だったら
作《さく》・小竹洋介《こたけようすけ》

実況《じっきょう》！空想武将研究所《くうそうぶしょうけんきゅうじょ》
もしも織田信長《おだのぶなが》が校長先生《こうちょうせんせい》だったら
作《さく》・小竹洋介《こたけようすけ》

「みらい文庫《ぶんこ》」読者《どくしゃ》のみなさんへ

言葉《ことば》を学《まな》ぶ、感性《かんせい》を磨《みが》く、創造力《そうぞうりょく》を育《はぐ》む……、読書《どくしょ》は「人間力《にんげんりょく》」を高《たか》めるために欠《か》かせません。

たった一枚《いちまい》のページをめくる向《む》こう側《がわ》に、未知《みち》の世界《せかい》、ドキドキのみらいが無限《むげん》に広《ひろ》がっている。

これこそが「本《ほん》」だけが持《も》っているパワーです。

学校《がっこう》の朝《あさ》の読書《どくしょ》に、休《やす》み時間《じかん》に、放課後《ほうかご》に……。いつでも、どこでも、すぐに続《つづ》きを読《よ》みたくなるような、魅力《みりょく》に溢《あふ》れる本《ほん》をたくさん揃《そろ》えていきたい。読書《どくしょ》がくれる、心《こころ》がきらきらしたり胸《むね》がきゅんとする瞬間《しゅんかん》を体験《たいけん》してほしい、楽《たの》しんでほしい。みらいの日本《にほん》、そして世界《せかい》を担《にな》うみなさんが、やがて大人《おとな》になった時《とき》、「読書《どくしょ》の魅力《みりょく》を初《はじ》めて知《し》った本《ほん》」「自分《じぶん》のおこづかいで初《はじ》めて買《か》った一冊《いっさつ》」と思《おも》い出《だ》してくれるような作品《さくひん》を一所懸命《いっしょけんめい》、大切《たいせつ》に創《つく》っていきたい。

そんないっぱいの想《おも》いを込《こ》めながら、作家《さっか》の先生方《せんせいがた》と一緒《いっしょ》に、私《わたし》たちは素敵《すてき》な本作《ほんづく》りを続《つづ》けていきます。「みらい文庫《ぶんこ》」は、無限《むげん》の宇宙《うちゅう》に浮《う》かぶ星《ほし》のように、夢《ゆめ》をたたえ輝《かがや》きながら、次々《つぎつぎ》と新《あたら》しく生《う》まれ続《つづ》けます。

本《ほん》を持《も》つ、その手《て》の中《なか》に、ドキドキするみらい——。

本《ほん》の宇宙《うちゅう》から、自分《じぶん》だけの健《すこ》やかな空想力《くうそうりょく》を育《そだ》て、〝みらいの星《ほし》〟をたくさん見《み》つけてください。

そして、大切《たいせつ》なこと、大切《たいせつ》な人《ひと》をきちんと守《まも》る、強《つよ》くて、やさしい大人《おとな》になってくれることを心《こころ》から願《ねが》っています。

2011年《ねん》 春《はる》

集英社《しゅうえいしゃ》みらい文庫編集部《ぶんこへんしゅうぶ》